João

2

Arte, e-books, brochuras e livros de Phillip Reese.

ISBN   978-1-0684414-3-1

9 781068 441431 >

Este livro foi concluído há muitos anos por Felipe Reis, Phillip Reese ou, pelas suas iniciais, J. F. Reis. No entanto, apenas 25% do seu conteúdo será publicado. O livro está disponível na loja Kindle da Amazon e nos seus sites de venda, com o mesmo título seguido do código do país. Infelizmente, o contrato com um editor profissional para a revisão do livro revelou-se um fracasso dispendioso. O projeto demorou quatro anos a ser concluído e a qualidade do trabalho não correspondeu às minhas expectativas. Informamos que a Amazon Espanha tem um raio de ação que inclui Portugal e que os Países Baixos servem a Alemanha. As imagens deste livro, bem como o título, subtítulo, legendas e Felipe Reis, ©Phillip Reese, ©J F Reis, estão protegidos por direitos de autor. Nenhuma parte deste livro pode ser reproduzida, de qualquer forma ou por qualquer meio, eletrónico ou mecânico, sem autorização prévia do autor. Os livros relacionados são: BEFORE I LOST MY COUNTRY, publicado em inglês na Amazon, descreve histórias pessoais e conflitos no exército antes do fim do colonialismo em Angola. Foi traduzido para português com o título 1974. The Amateur 2nd Edition, em inglês, reflete a primeira parte da carreira artística de João, agora sob o nome Phillip Reese. Brushes & Mice e Mice & Brushes são livros de arte e contos que envolvem o género alienígena. THE TIMES ART CAPSULE (e-book e impresso) individualiza cada retrato da pintura acrílica de 90x90 cm dos rostos de pessoas que figuram num jornal THE TIMES de 2006. O livro de poemas de descoberta, POEMS RIDING POEMS, de Phillip Reese, foi traduzido para português com o título SOU MULHER, SOU, também na Amazon. BREXIT NEWS, de Phillip Reese, é um livro de imagens e legendas estranhas sobre Theresa May até ao momento em que Boris Johnson tenta atingir a idade adulta. Também estão disponíveis o livro infantil Quem sou eu? ou Who am I? The Not Successful Submission to the Tate Modern e alguns mais.

Preâmbulo

O livro retrata momentos da vida de João até aos seus doze anos. Embora pareça pouco, o angolano Faísca também faz parte desta história. O primeiro encontro entre ambos, quando João tinha oito anos e Faísca dezoito, resultou na libertação do rapaz das dores físicas constantes e excruciantes que o atormentavam desde que nasceu. Infelizmente, tal só se verificou durante aquelas duas horas.

João nunca esqueceu este facto e o livro termina com o seu reencontro, após uma série de coincidências aparentemente impossíveis. Para compreender tudo isto, é imprescindível ler Faísca. O mundo é pequeno, ainda mais naquela época.

O livro retrata factos reais, recordados com precisão fotográfica, quase momento a momento, palavra a palavra. O texto original, cinco vezes maior, retrata um rapaz que não conseguia compreender o mundo, e explica por que razão se lembra de tudo com tamanha precisão. No entanto, isto é contraditório, dado que João pouco ou nada conseguia memorizar relativamente a outros assuntos, principalmente as lições na escola.

O capítulo "João e Faísca" constitui a parte final dos dois livros: "João" e "Faísca". As narrativas cobrem o período da vida de João até aos 12 anos, enquanto o livro Faísca narra a sua vida até aos 22 ou 23 anos.

Num mundo de constantes mudanças, nem sempre é fácil encontrar as nossas raízes culturais, o que pode dificultar a compreensão e a identificação das nossas origens.

Devido a tudo o que se passou, o autor teve um contacto muito limitado com a sua língua materna. O mesmo se aplica à língua inglesa. O livro "Faísca" foi revisto em 2025-2026 e João será revisto no final do ano.

Agradecimentos

Índice

JOÃO

Sentenciado - A Pré-Escolita - A Rainha Isabel

João atravessa o limiar proibido. É o pequeno hall de entrada da casa, onde um piano vertical desafinado permanece à direita da porta que dá acesso à sala de estar e à biblioteca. Nenhuma criança o pode tocar, não é necessário, pois ninguém em casa tem o talento necessário para cantar ou tocar qualquer instrumento musical, incluindo um grande tambor africano na parede oposta ao do piano. A porta em frente da porta de entrada, à direita do piano, à esquerda da sala de jantar, dá acesso ao primeiro andar, onde se encontram outra sala à esquerda e a casa de banho do rés-do-chão, bem como a cozinha à direita.

Várias setas africanas estão expostas paralelamente nas paredes. No chão, do outro lado da porta da sala de jantar, encontra-se uma aljava com duas lanças compridas africanas com pontas de ferro duro forjado. As cabeças afiadas e as pontas das setas estão incrustadas com uma substância negra e seca. Desde muito cedo, João foi informado de que estas recordações são tabu, não devendo sequer pensar em tocá-las, pois são venenosas.

Cheio de medo, João atreve-se a entrar na saleta escura com quatro portas, passa pelas armas mortíferas, evita tocar nos casacos compridos de Dona Isabel e diz, "Ainda não é inverno." Finalmente, chega à porta de entrada da casa da família Reis. Nunca tinha feito antes essa expedição penosa sozinho e, para a criança, a porta é de saída. O menino de cinco anos abre-a, demora um pouco na soleira cego pela luz da tarde, e foge de casa a chorar, sozinho.

A criança atravessa o espaçoso caminho de mármore, abre o portão do jardim e vira à direita. Avança com determinação, mas o perigo aguarda-a à sua frente. Tem de ultrapassar o obstáculo principal, que se encontra do outro lado da rua estreita. É o bosque denso da sinistra Vivenda, uma casa muito grande com varandas à volta que encabeça um longo caminho que conduz à sua fachada alta, mas que não é visível da estrada. João olha para o bosque, mas só consegue ver a frente de muitas filas de coníferas altas. Para além da primeira fila, a escuridão é quase total. Ele conhece bem aquele matagal denso, pois consegue vê-lo da janela da casa de banho.

O jardim do vizinho rico não é um jardim. Ek mais uma floresta impenetrável que esconde milhões de ladrões durante o dia e milhares de almas atormentadas após o anoitecer. Hoje, os portões estão abertos, "Os bandidos podem sair e apanhar-me. Corre! Corre!" diz João, falando alto e incentivando-se.

Ao aproximar-se da esquina onde tem de virar à esquerda, ouve o uivo feroz de um pastor alemão, que João pensa ser um lobo demoníaco gigante de orelhas grandes. O animal está acorrentado à entrada da residência, longe da rua e do portão de entrada dos carros. A corrente à qual está preso tem uma ligação a um arame que permite ao monstro vaguear ao longo da fachada da casa, mantendo-a segura de intrusos. O lobo tem patas mais largas e dentes mais compridos do que as garras e queixadas dos crocodilos que João vira nos livros. O medo de ver o lobo surgir à sua frente torna-se real: o animal soltou-se ou esticou o fio de aço até ao portão, atravessou a rua e está prestes a encontrar-se com ele.

João não espera, ultrapassando o medo de ser emboscado, chega dolorosamente à esquina, vira à esquerda e começa a correr rua abaixo, imaginando ainda o cão a libertar-se e a correr de quatro em quatro para o apanhar. O rapaz não olha para trás, porque sabe que o monstro não o pode apanhar se ele não olhar nos olhos do animal feroz.

Neste dia, a dor, a culpa e o medo da mãe foram muito mais fortes do que a sua imaginação, mas ele dirige-se às lojas. A estrada curva ligeiramente para a direita e, depois, encontra o cruzamento que conhece bem pois a Dona Isabel já o tinha levado a pé às lojas. Aqui, João vira à esquerda para a rua comercial.

Ao chegar às lojas, João caminha devagar em direção ao sul e abranda o passo. Ainda assim, cheio de medo, cambaleia, tentando esconder o seu medo para não despertar atenções. O piso é irregular e as suas pernas tremem, mas a vista do rio, ao longe por cima dos edifícios, reconforta-o.

Chega à zona de terra batida no fundo das lojas, olha por cima do ombro e vê que ninguém o viu nem tentou detê-lo. Apressa-se mais uma vez, pois é demasiado assustador: as casas do bairro que conhece tão bem dão lugar a edifícios de quatro andares sem quintal. Para lá chegar, atravessa a última rua do seu bairro e olha para o horizonte, mas já não consegue ver o rio.

Os edifícios estranhos são altos e têm muitas janelas. Pode cair-lhe algo em cima dele e tem a certeza de que há muitos bandidos escondidos nos telhados a atirar-lhe pedras. Assustado, o rapaz corre o mais depressa que pode para ultrapassar os prédios.

À sua frente, a rua principal está repleta de elétricos que fazem barulho ao passar sobre os carris embutidos na estrada. João para na esquina. Noutras circunstâncias, os fios suspensos do elétrico, que de vez em quando lançam clarões e fazem ruídos assustadores de chiar e estalar, teriam cegado João, mas não hoje. A criança, imóvel, aguarda na esquina da velha rua empedrada com a rua das lojas. Aqui, todos os sons e cheiros lhe são estranhos.

Tanto quanto consegue ver, as fachadas negras e manchadas dos edifícios dos dois lados da rua estão novamente cheias de janelas voltadas para o passeio, algumas delas ocupadas por mulheres idosas.

"São bruxas com olhos maus!" diz João em voz alta, para se proteger.

A rua está pavimentada com robustas pedras pretas que suportam as linhas de elétrico. Demasiado assustado para a atravessar, hesita, engole o ar sujo e vira à esquerda. O passeio está cheio de pessoas que parecem ter vindo de outro mundo.

O menino de cinco anos de idade suspira e atravessa a paragem de autocarro. Um autocarro aproxima-se por trás, e, assustado com o movimento das pessoas, esbarra nas pernas de alguns homens que estão na fila a murmurar sons irreconhecíveis. São os inimigos ferozes que ele conhece bem, pois a tia conta-lhe histórias maravilhosas sobre eles. São dragões, ogres e monstros disfarçados de humanos.

As bruxas que vivem nos prédios à sua esquerda sobem pelas janelas e saltam para o passeio para o apanhar. Têm caras velhas, rugas profundas e narizes compridos que aumentam de tamanho à medida que ele passa. Elas gritam para ele, mas João, que não consegue entender o que dizem, ignora-as e corre o mais rápido que pode.

Ele finta as pessoas que ouviram a agitação e que agora o chamam. As suas vozes deixam-no petrificado. Ao chegar a uma esquina distante, em frente a uma avenida muito grande com vista para o rio Tejo, verifica que há menos pessoas no passeio.

Tem tempo para as observar e perceber como são diferentes. As mulheres vestem-se de forma estranha. As roupas são pretas e usam vestidos largos e lisos ou saias rodadas; uma ou duas têm um avental por cima. Algumas usam lenços na cabeça ou xailes sobre os ombros.

Os homens não são diferentes. Têm rostos escuros, não se barbearam e vestem calças largas amarrotadas, gastas ou manchadas, cinzentas ou pretas. Ao contrário das mulheres, que o observam com curiosidade, os homens olham para ele, mas afastam-se lentamente. Todos têm um ar abatido, cansado e indiferente. João abranda o passo para os ouvir, mas não compreende nada do que dizem.

"Olá, rapazinho de copo de leite, o que estás a fazer aqui no bairro?"

Uma mulher lança os braços para a frente para o agarrar quando ele passa.

"Ai, criança, vem cá. Para! Vem p'ra aqui, malandro..." grita ela.

A criança, vestida com roupas elegantes, entrara numa zona pobre. A linguagem que usam, que ele não compreende, incomoda-o. Volta para trás, esconde-se atrás de pessoas que ainda não o viram, dando-lhe tempo para estudar a zona. Do outro lado dos elétricos, há uma zona pavimentada com pedras onde as mulheres lavam a roupa em tanques. Mais perto dos elétricos, há uma velha fonte de água corrente utilizada para encher potes e, atrás desta, muitas crianças descalças brincam. Duas delas olham e apontam para ele.

João prossegue cuidadosamente, mas o seu coração quase para quando vê um sapateiro idoso a trabalhar na sua loja. Ao seu lado, há uma pilha de botas gastas e por polir. O cheiro a couro e cola é intenso. Bêbedo do cheiro, João tem um reflexo de vómito, vira-se e corre de volta para a esquina. Decide atravessar a estrada principal, muito larga, e correr atrás do elétrico sem destino.

"João... João... Volta."

O som do seu nome faz com que pare. Reconhece a voz da irmã mais velha e a corrida termina.

"A mãe disse-me para te encontrar!" diz ela, respirando pesadamente, "Por favor, volta para casa, a mãe não te vai bater mais. Eu prometo... Eu prometo."

A criança está exausta e a irmã mais velha, a acusadora principal das suas culpas, pega-lhe na mão e leva-o para casa. Derrotado, João ignora as pessoas que gritam para a sua irmã.

"Dá-lhe uma chegadela nessas costas, ele vai aprender a lição de uma vez por todas!" grita uma mulher.

Dona Isabel está no meio do jardim, a vigiar os dois portões. Ela avança e apanha João de surpresa. A criança não esperava violência, talvez uma conversa sincera, um abraço ou mesmo um reencontro terno.

Não teve de esperar, pois a mãe grita palavras de raiva e João esconde-se atrás da mimosa, a única árvore do quintal, à esquerda, na esquina que ele deixara pouco antes, exatamente em frente da vivenda. Dona Isabel apanha na terra um ramo caído comprido e retorcido com um ramo mais pequeno quase na parte superior partido ao meio. A mãe agarra João por uma perna, levanta-o de cabeça para baixo e bate-lhe com uma ferocidade cruel. João contorce-se e estica-se de forma errática. Incapaz de o segurar no ar, Dona Isabel deixa-o cair na terra negra. Perdendo o equilíbrio, dá um passo em frente e bate no rapaz com o dobro da força.

"Tu não és meu filho, odeio-te! Odeio-te!"

As palavras magoam João mais do que a violência física que tem sido o seu pão nosso de cada dia desde que tem memória, muito antes de poder falar. A Dona Isabel continua a bater até ficar exausta e a criança para de chorar e gritar pois não mais consegue respirar e está visivelmente magoada e a sangrar.

Alguns vizinhos e transeuntes, que ouviram o tumulto no jardim sem flores e plantas do número 32 da Rua 14, olham por cima dos arbustos. Em vez de defenderem a criança, nada dizem, apenas uma voz defende a mãe de João, "Mãe é mãe! Ela pode fazer o que Deus quiser," diz um deles.

***

A Dona Isabel encaminha o menino, que está agora cada vez mais subjugado por ela, para o jardim de infância. Trata-se de um estabelecimento privado localizado na zona norte, ou dos números pares, ao lado do café-bar dos trabalhadores pobres e acima do consultório do dentista.

"Eles tomarão conta de ti e eu terei mais tempo para mim!" diz Dona Isabel.

Uma mulher apresenta a criança a uma sala cheia de outros meninos da mesma idade.

A rotina diária de João entra numa nova fase que não está a correr bem. Ele tem frequentemente períodos de diarreia, algo que já é uma constante em casa, mas que agora está a tornar-se um acontecimento público.

Sempre que uma ajudante leva o malcheiroso João à casa de banho, a turma grita de alegria e algumas crianças, aproveitando o lapso de vigilância, seguem-no até lá. A porta é deixada entreaberta e as crianças divertem-se com as dificuldades de João ao tomar duche.

De vez em quando, as suas roupas ficam irreparavelmente sujas e o estabelecimento chama a mãe de João.

"E eu que pensava que ia ter um pouco de paz e sossego!" queixa-se ela.

Num raro momento de maternidade, ela diz-lhe com alguma ternura, "João, meu filho, como podes ter tanta dor e falta de controlo?" E acrescenta, com voz trémula, "O que é que eu vou dizer ao teu pai?"

É dia de cinema. A supervisora sai da sala, mas antes ordena ao grupo que fique em silêncio, ameaçando, "Ou... não haverá filme."

As crianças obedecem.

O João senta-se na fila da frente, perto da entrada. Está aborrecido porque a plasticina com que está a brincar fica com uma cor feia quando funde pedaços de cores diferentes. O resultado é uma mistura castanha-esverdeada escura e difusa.

"É a cor de burro quando foge!" diz, repetindo as palavras do tio Tozé, que usava a expressão para o confundir quando brincavam às caretas.

A vigilante regressa e diz, "Estamos um pouco atrasados, ninguém fala, silêncio!" e sai da sala. Todos os rapazes mantêm-se silenciosos, mas para o João não há descanso: o silêncio significa que não há distrações e as suas dores sempre presentes intensificam-se. Para piorar a situação, não há nada em que se possa concentrar para se distrair.

Os rapazes atrás dele agitam-se nervosamente. A inquietação tira-o da sua zona de conforto e ele sente que algo está errado. João tenta ouvir algo fora do normal. Escuta os sons atrás dele, de qualquer outro rapaz como ele, ou que vêm do corredor, e depois qualquer som do mundo lá fora. Ouve o ruído indistinto de automóveis a passar na rua, seguido de um estrondo e do som de pneus a chiar. Uma voz de homem sobe de tom a insultar alguém. João estremece quando um vento fantasmagórico passa por baixo das grades das janelas, levantando poeira por cima de todos, mas ninguém parece ter reparado nos estrilhos lá fora e na corrente de ar que chama a atenção deles. Para a criança, os sons estridentes transformaram-se em lamentos inimaginavelmente sinistros, perturbando-a.

"O mundo está rabugento!" murmura João.

A parede branca à sua frente parece um espaço vazio, sem obstáculos. João molda pedaços de plasticina, que se transformam numa bola pegajosa. Olha para a parede branca imaculada à sua frente, levanta-se, flexiona o braço, aperta a bola, faz pontaria e atira o projétil diretamente para a parede que acabara de ser pintada, marcando assim o início de mais um ano da pré-escola.

Olha para trás, à espera de aprovação, mas não a obtém. Volta-se em seguida para a parede para ver o resultado. A massa de plasticina na parede move-se ligeiramente, paira por um momento e cai subitamente. Apanha-a, ajeita-a novamente até ficar com a forma de uma bola e, desta vez, atira-a com mais força e rapidez. Desta vez, a plasticina fica um pouco mais tempo colada, mas isso não é suficiente para o rapaz, que quer que fique bem agarrada.

Entretanto, junta-se a ele outro rapaz e os dois entram numa competição feroz. Atiram as bolas cada vez mais depressa, gritando a cada lançamento, "A minha é a melhor!"

O prémio é ver qual das bolas fica mais tempo colada à parede.

Embora não haja vencedores, a parede branca está agora coberta com dezenas de manchas de óleo e pedaços plastificados de barro falso.

A mulher regressa e apanha os rapazes em flagrante.

O João e o seu ajudante olham para ela e riem-se, dizendo, "Tia, olha o que descobrimos: a plasticina cola-se à parede."

A orientadora não diz nada e conduz a turma para a sala de projeção, encaminhando cada criança para o seu lugar.

Chega a vez do João se sentar.

"Vai para ali," diz ela, apontando para um lugar fora da sala. "Também tu, junta-te a ele," diz ela ao cúmplice. Depois de orientar as outras crianças, fecha a porta e leva os dois rapazes para uma pequena sala sem janelas.

"Fiquem aqui em silêncio ou ficarão fechados aqui para sempre."

Os dois rapazes esperam entre os baldes e as vassouras, na esperança de que a tia volte para os levar a ver o filme.

***

A jornada matinal de João para o infantário é aborrecida, sem nada que se assemelhe a uma aventura. Sozinho, caminha o mais depressa que pode, enquanto os amigos esperam por ele. Há dias em que a sua rotina é quebrada. No início da estação, é possível observar andorinhas a fazerem acrobacias no ar. As aves velozes dão voltas e mais voltas e mudam de direção abruptamente, ou voam contra as paredes, mas sem nunca as atingir. "Como é que elas conseguem fazer tais acrobacias?" João questiona-se quando os pássaros fazem ninhos, mas passado pouco tempo, tornam-se parte da rotina.

Ele tem um novo interesse: os terrenos negligenciados na zona das lojas, um dos quais ao lado do café da esquina, estão marcados com cordas e pedras. O João já não pode fazer o atalho e tem de contornar o terreno, usando o passeio. O terreno do outro lado da rua, junto à pastelaria do Chico Careca, também está fechado. Corre para verificar os outros dois terrenos do lado sul. Também estão marcados. A partir desse dia, o João levanta-se mais cedo para observar as alterações. O terreno mais próximo do lado dos pares está a ser nivelado e os homens com carrinhos de mão estão a colocar terra preta sobre o chão de inverno, ainda lamacento e áspero.

O Natal chegou e passou, e até então ele dividia a sua atenção entre o renovar das esquinas e o jogo do "É meu" com os seus amigos, no qual tinha de encontrar algo que interessasse a todos atrás do vidro de uma montra e ser o primeiro a dizer "É meu."

Os pátios tinham sido finalmente limpos e arrumados, estando agora abertos a todos. João atravessa o novo jardim, ziguezagueando entre os arbustos frondosos, mas fica impressionado com a escuridão de alguns dos seus recantos. "Estão a esconder bandidos!" diz para si mesmo, convencendo-se do perigo, atual ou futuro. Entra a correr no café-bar, um local frequentado por trabalhadores fartos da vida, quase todos de barba rude, que detestam a bizarra interrupção. "Eh, tu? O que estás a fazer aqui?"

Pouco tempo depois, numa bela manhã de sol, Dona Isabel reúne as crianças e diz, "A Rainha de Inglaterra vem visitar-nos. Rápido, venham cá para fora!"

João e dois dos seus irmãos e irmãs seguem a mãe para o passeio da rua passando pelo portão do jardim que não é jardim e esperam em pé em frente à casa da Dona Virgínia. Não havia mais ninguém por perto e não demorou muito até aparecerem vários carros pretos do lado da grande avenida. A Dona Isabel diz, "Ali, no carro sem tejadilho, está a Rainha."

O cortejo move-se lentamente. A rua, embora esteja vazia, parece demasiado estreita para o tamanho dos veículos. Não há outras famílias nos passeios. Os para-choques cromados iluminam-se e a limusina mais larga, preta e descapotável, aproxima-se da família. A Rainha senta-se atrás, à esquerda, do lado deles, com o Príncipe Phillip do outro lado.

João fica impressionado: a Rainha Isabel parece-se com a Dona Isabel. Ambas têm o mesmo estilo de cabelo, o mesmo olhar e a mesma idade.

"Ela está a olhar para mim," diz João espantado. Os olhos dos dois estão ao mesmo nível, mas João vira timidamente a cabeça para o outro lado.

"Ele é o rei?" pergunta para fugir ao momento.

"É um príncipe...chama-se Filipe, como o teu segundo nome."

"Ele tem um nariz comprido."

João olhou para a Rainha Isabel em silêncio por um momento e depois perguntou, "É a rainha dos contos de fadas da tia?"

A Dona Isabel não responde.

O carro preto dirige-se para os terrenos recentemente renovados em redor das lojas. Aos olhos dos habitantes locais, o país já não está degradado, a sua reputação está agora dois pontos acima, ou seja, oito numa escala de cem.

A rainha, cansada, não vira nada que já não tivesse visto antes. Era apenas mais uma aldeia Potemkin.

Tejo - A Segunda Fuga

"Vou portar-me bem," promete João a si próprio, mas ninguém está suficientemente perto para ouvir a sua decisão de vida.

João corre para cumprimentar o novo residente, o cão Tejo. O pai, numa curta visita de uma das suas missões no estrangeiro, tinha surpreendido a família com um perdigueiro português castanho-escuro, enérgico e musculado, mas a mãe não queria uma criança de quatro patas a desarrumar a casa, por isso acorrentou o cão perto do canto mais afastado do jardim entre a sebe e o estendal da roupa, em frente à cozinha.

Tejo está nervoso e ladra. Desde que o pai se foi embora, a única interação que o animal tem tido com os humanos é o prato de comida que Amélia lhe oferece diariamente.

Ao sentir a dor de Tejo, João aproxima-se da zona segura e fala com ele. O cão ladra e rosna. A criança encurta a distância entre ambos.

"Porque estás a chorar?" pergunta João, enquanto diz, "Tejo, aqui, aqui."

O cão ignora-o e ladra por comida, pois quer a Amélia.

João olha fixamente para o cão, que não se acalma. O rapaz aproxima-se e acaricia a cabeça do cão, mas o corpo deste enrijece, agacha-se ligeiramente e salta. A corrente para Tejo no ar, mas as suas patas alcançam o peito de João. O rapaz perde o equilíbrio, cai e bate com a cabeça na borda afiada de um poste de betão, meio escondido pela outra sebe que separa a casa da Dona Isabel da casa dos Afonsos.

João levanta-se confuso e olha para o cão, que continua a ladrar. Com o sangue a escorrer-lhe pelo pescoço, atravessa a cozinha e está quase a chegar à porta interior quando Amélia o vê e percebe o que se passa. Ela chama a Dona Isabel, que leva o rapaz para a enfermaria.

"Quando é que vais deixar de me arranjar problemas?"

"O Tejo queria ser meu amigo, só isso."

Durante uma semana, Dona Isabel não bate no rapaz, que se sente seguro e assume o papel de alfa em casa e na escola. As outras crianças da escola ignoram-no e, em casa, ele tenta obrigar os irmãos a obedecer às suas ordens, mas sem êxito.

Os dias sem chuva são calmos e prolongados e as botas das crianças não estão sujas de lama. Todas as roupas, mesmo as orelhas das crianças, estão limpas, ao passo que em casa as mãos e as unhas são facilmente lavadas. As mães da vizinhança estão encantadas com a calma inesperada. A Dona Isabel está bastante descontraída, mas as suas constantes queixas do João levam-na a atacá-lo no início da segunda semana.

"Não estás a portares-te bem. Vai para o teu quarto."

João não se importa: o seu quarto é o seu refúgio.

"Vou ser um bom rapaz, vou ser um bom rapaz."

Ele conta os minutos até a casa ficar silenciosa.

Sai do quarto e abre a porta do quarto da mãe.

"Mãe, desculpa, desculpa-me."

A mãe está na cama, olha para o filho surpreendida, e João aproxima-se. A Dona Isabel abraça João e chora baixinho.

"Não chores, mãe, eu porto-me bem, prometo."

"João, vai para a cama, vai...," diz ela, sufocando os soluços, "Sê um bom rapaz, meu filho."

Abraçam-se, choram e ficam juntos durante alguns segundos.

"Vai, filho, vai, tens de dormir."

***

No dia seguinte, Dona Isabel, com um cinto à volta do pescoço, só tem um alvo: João. O rapaz chora em desespero; a sua nova forma de se aproximar da mãe falhara.

Nessa tarde, os rapazes da vizinhança vão brincar aos índios e aos cowboys e João vai sentir a falta das brincadeiras. Ele é sempre um bom índio. O arco e as flechas que fez estão sempre prontos para atacar os cowboys maus, "Os bandidos que querem roubar a nossa terra e a nossa liberdade."

Esta tarde, porém, João tem um plano diferente.

Vai sair de casa e ir embora, porque mais uma vez está a fugir de casa.

Desta vez, para sempre.

Sem que a mãe ou qualquer outra pessoa o veja, João sai de casa num passo firme. Agora está mais velho, quase dois anos depois de ter fugido pela primeira vez aos cinco anos. Vira à direita nas lojas para evitar o pesadelo do elétrico nas margens pobres do rio e sobe a colina.

As lojas ficam à esquerda, mas a rua à direita dá lugar a casas maiores. No cimo da colina, chega a uma outra movimentada e atravessa-a para o outro lado. Ainda não chegou ao cimo da colina e já tem de decidir o que fazer. Desde que saiu de casa, já teve de tomar demasiadas decisões, cada uma mais confusa do que a outra. Só pode subir a colina se escolher o lado esquerdo, que segue por um passeio muito largo, muito maior do que a rua da rainha. Nesta parte, há árvores, arbustos, plantas, relva e flores em ilhas no meio do passeio, algo que ele nunca tinha visto antes.

O pouco que consegue ver indica-lhe que as residências estão quase todas escondidas, mas tratam-se de grandes mansões com jardins bem cuidados.

Vira à esquerda e caminha rapidamente, seguindo o passeio que faz uma curva suave à direita.

Sem o saber, dirige-se para a única autoestrada do país que conduz ao centro da capital. Trata-se de uma zona movimentada. Chega a uma esquina e o novo cruzamento revela uma via muito maior, pavimentada com paralelepípedos. João examina a estrada, que parece conduzir diretamente ao Tejo, semelhante a um mau espelho, quase sem cor, ou da cor do céu baço da tarde. Do outro lado, ainda a subir, está a estrada principal que leva à autoestrada.

De repente, ouve-se um barulho forte e dá por si no meio de uma fantasia. À direita, por cima da ravina por trás das casas que tem seguido, um tanque militar desloca-se pesadamente sobre os seus rastos. A torre está fechada e ele não consegue ver o comandante. O canhão longo oscila para cima e para baixo com o desnivelamento do terreno. Por vezes, o veículo desaparece no cimo de uma montanha que, na realidade, é apenas um pequeno monte utilizado como obstáculo de treino. [i]

O rapaz já tinha lido tudo sobre tanques. Os seus vizinhos falam de futebol, mas João interessa-se por navios, aviões e tanques.

Um homem para ao lado de João e diz, rispidamente, "O que estás a fazer aqui?" O rapaz não responde. "Onde está a tua mãe?" continua o homem, mas, distraído com os exercícios militares, encolhe os ombros e vai-se embora.

A interrupção do homem interrompe a fantasia de João, que perde o seu ímpeto. Já não é um vencedor, nem um explorador aventureiro, nem um herói. A estrada larga que continua para sempre é o seu campo de treino, uma montanha que já não consegue alcançar, quanto mais escalar. Ele poderia ultrapassar montes de terra, mas falha, os seus pés estão fracos e o seu coração está mais trémulo do que o som dos tanques.

Derrotado, humilhado, finalmente vencido pelas adversidades da vida, regressa a casa subjugado, pronto para o ataque e o desespero da sua mãe, mas ninguém parece importar-se com ele, ninguém reparou na sua fuga, e ele dirige-se diretamente para o seu quarto.

O Apache

Naquele verão, o rapaz aprendeu três coisas: que podia ter uma recompensa fora da dor que controlava a sua mente e o seu corpo; que podia fugir ou escapar sem ser apanhado pela Dona Isabel; e que, por vezes, podia obrigar os irmãos a fazer o que ele queria, batendo-lhes.

Más ações ou não, culpados ou inocentes, os seus irmãos e irmãs traíam-no sempre da mesma forma, deixando-o ainda mais zangado. Com ou sem razão, chamavam a mãe, que lhe dava sempre uma sova.

João luta, ele é um índio heroico, um Apache, e os guerreiros Apaches não choram quando são feridos. São também leais e justos, e nunca põem os seus camaradas em perigo. Se fizessem algo de errado, tinham de assumir as suas ações e o seu mau comportamento, mesmo que enfrentassem a tortura ou a morte.

João tinha agora a certeza de quem era e tinha decidido que não precisava de sonhar acordado naquele verão, mesmo antes de adormecer, "Sou um Apache e os Apaches não choram," resmunga, antes de adormecer. No entanto, chora quando pensa nos seus irmãos e irmãs e na traição deles, bem como nas queixinhas que fazem quando ele não fez nada.

João nunca compreendeu que eles arranjaram uma forma de escapar aos espancamentos, que ele era o seu bode expiatório, e que estavam felizes por terem alguém que fosse castigado por eles.

"Eu sou um Apache e os Apaches não choram!"

Durante as semanas seguintes, a criança-soldado, o apache, esperava por Dona Isabel no meio do pequeno hall de entrada da casa. A divisão tinha quatro portas: vindo da entrada principal havia a sala de estar dos adultos à esquerda, que era raramente utilizada, a porta para a sala de jantar à direita e, em frente, a porta que dava para o andar de cima, a casa de banho do rés-do-chão e a cozinha.

João fica rigidamente de frente para a porta principal da casa, como se fosse uma estátua ou um sentinela militar, impedindo a entrada de qualquer pessoa.

Mantém-se ereto, de cabeça erguida, com o cabelo curto e a franja pequena, que lhe confere um ar militar. Os braços estão ao lado do corpo, com as palmas das mãos nos calções, os dedos apertados e o dedo médio a apontar para os dedos dos pés. Está à espera de Dona Isabel, que chega a casa todos os dias à mesma hora.

Desta vez, ela está atrasada, mas ele permanece estoicamente no seu lugar. Ao entrar em casa, Dona Isabel tem de o enfrentar.

Ele é um soldado apache, está em guerra e tem uma missão a cumprir. A sua missão é a mais honrosa que encontrou, aquela que justifica todas as agressões. Agora que estava no poder, já não sofreria mais, a sua mãe já não o magoaria. Esperar por ela para ser espancado todos os dias era a sua força. Ele tinha razão e era um Apache, um soldado que seguia as suas próprias regras. Tinha sete anos e nenhum adulto voltaria a maltratá-lo.

O tilintar das chaves na porta anuncia a chegada de Dona Isabel. Ela entra, olha para ele e coloca as compras no chão. Esta rotina tinha-se tornado um ritual trivial para ambos nas últimas três semanas. Como se estivesse num tribunal, ela olha para ele e declara, "Voltaste a portares-te mal, por isso vais ser castigado." Tira um cinto do cabide das roupas dos adultos e começa a bater-lhe sem fazer perguntas.

João já não fecha os olhos quando ela lhe bate e o medo já não é um problema. A dor exterior não é pior do que a dor interior. Nunca mais voltará a fechar os olhos. Já não protege o corpo, a cabeça ou o rosto com as mãos. É um soldado e aceita o castigo, certo ou errado, justo ou injusto, fraco ou forte, louco ou não, desesperado, frustrado, maltratado, tal como é, nada mais importa. Ele suporta todos os espancamentos olhando diretamente para ela, com os olhos nos olhos dela, e a sua postura e posição tornaram-se completamente firmes e determinadas.

Ele sabe que é um herói. Ele está a salvar todos os irmãos que o traíram, sem esperar nada em troca. Fá-lo por amor à mãe e aos irmãos. Para ele, se a Dona Isabel lhe bate, não tem de castigar os irmãos. Depois de anos de espancamentos incongruentes, pensa João, "Finalmente, a minha mãe tem uma verdadeira razão para me bater. É justo: ele está a salvar-se e os meus irmãos também, não há necessidade de chorar mais."

João bate nos irmãos quando estes fazem algo de errado, dizem algo estúpido a gozar com ele, principalmente para os culpar pelo que fizeram, para que, em vez de a mãe os bater, seja ele a fazê-lo. Assim, quando regressa a casa, ela pode bater-lhe mais tarde, como mandam as regras.

Nessa tarde já escura, Dona Isabel não aparenta estar zangada. Parece cansada, mas isso não importa, pois João está ali para fazer justiça em nome dela. Alguns minutos antes, ele tinha espancado os irmãos até estes perceberem que estavam errados. Agora, para ser justo, está disposto a aceitar o castigo por eles. É um apache: firme, sólido, vertical, sem gritos, sem ruídos e, para confundir ainda mais a mãe, sem sinais de sofrimento.

As coisas mudaram naquela tarde. Dona Isabel soluça com cada cinturada que dá. Não se trata do seu habitual uivo furioso e frenético, mas sim de um choro diferente. Ela fá-lo num tom lento e baixo que ressoa intensamente, como se o som estivesse a atravessar a sua pele. Ela está a sofrer e João conhece a dor, pois é a única coisa que consegue identificar facilmente nos outros. Hoje, a dor dela é a mesma que a dele. O rapaz culpa-se a si próprio, mas está em guerra.

A Quinta - O Autocarro

A Dona Isabel nasceu na Figueira da Foz, uma pequena cidade costeira. A cidade está situada entre a serra e o mar, nas margens de um rio e do Oceano Atlântico. As praias do lado norte do estuário são agitadas pelas águas frias do Atlântico. "Vamos, temos uma longa viagem pela frente."

Ela está a visitar a sua robusta tia Berta, que vive em Condeixa, uma aldeia rural não muito longe da Foz. A tia Berta tem uma quinta que gere sozinha. Depois dos cumprimentos familiares e dos comentários sobre o crescimento das crianças e quais nasceram desde a última vez que se viram, Dona Isabel leva os irmãos cansados para os seus quartos. João e o seu irmão, alguns meses mais novo, dormem na mesma cama que a mãe.

A casa grande da quinta foi construída para dar resposta às necessidades das atividades sazonais. No rés-do-chão, há alguns alojamentos para os trabalhadores, principalmente as empregadas domésticas, que são as ajudantes da casa vinte e quatro horas por dia, sete dias por semana, com uma tarde livre por mês. Outras divisórias albergam maquinaria, ração e o abrigo para os poucos animais que trabalham arduamente durante o dia: burros, mulas e dois cavalos.

A tia Berta é uma proprietária implacável que cumpre a lei dos homens e a lei de Deus. Considera-se uma mulher justa. Os empregados são trabalhadores a sério, com salários miseráveis e vidas mais sombrias do que a lei exige, mas não são escravos, ao contrário do que ainda acontece em muitas quintas da região. Dona Berta afirma, "A pobreza é uma doença. O respeito é a cura. Escravidão? Nem pensar." E acrescenta, "Os meus trabalhadores são pagos por um dia de trabalho e, além disso, podem comer todos os frutos da terra que Deus Todo-Poderoso nos dá."

O único andar por cima da zona de trabalho, animais e trabalhadores tem um corredor comprido, reto e estreito, que o divide em dois lados iguais para todos os tipos de habitação e trabalho. Depois de mostrar aos irmãos os seus quartos, Dona Isabel conduz os dois rapazes mais velhos pelo corredor escuro, mal servido por duas luzes de teto de 15 watts que iluminam pouco mais do que o local onde se encontram. João e o irmão, assustados com as zonas escuras entre as lâmpadas e depois com o vazio sombrio do corredor sem fundo onde fica o quarto, abraçam-se às pernas de Dona Isabel e esperam pelo melhor.

A Passagem para o Inferno é o derradeiro esconderijo de centenas de ladrões miseráveis e canibais selvagens. Alguns destes homens horrendos são infiéis enganadores, usando turbantes e coletes minúsculos de cores vivas.

João repete mentalmente uma das maldições favoritas da sua tia, "Que Deus perdoe os maus: à noite, limpam as cimitarras com o sangue das nossas cabeças cortadas durante o dia."

Dizia isto nos dias em que as suas roupas remendadas lhe causavam incómodo. Quando se apercebia de que as crianças, confusas com o tom da sua voz, rapidamente se corrigia. Sem parar, suavizava as palavras, "É a vontade de Deus." Em silêncio, os dois irmãos examinam o quarto enorme, com uma luz fraca no teto e apenas duas arcas de carvalho escuro encostadas às paredes caiadas de branco. Não há desordem nem qualquer decoração. O quarto é um palco onde tudo pode acontecer.

A Dona Isabel deixa-os sozinhos. Os dois rapazes, assustados, esperam com os olhos bem abertos. O mais novo não se deixa intimidar e adormece rapidamente.

"Ele é mais corajoso do que eu," diz João, com a voz cheia de medo.

Agora, sozinho, cada som, cada arranhão, cada estalido e cada pancada são amplificados por imagens de dezenas de medos horrendos ou de almas inquietas que pisam as paredes.

No teto, almas estripadas caminham rapidamente de cabeça para baixo. Desafiam almas irmãs que pairam sobre a sua cama como párias sem destino.

Perto deles, um tremor súbito, causado pelo peso da cama e das duas crianças no chão, paralisa João.

O rapaz entra em transe e a sua respiração começa a abrandar. Para ele, as almas fazem tudo isto antes de se transformarem numa névoa profana que enche o quarto. Até os perdidos na noite se juntam às almas inquietas.

A brisa tardia de verão torna-se mais forte. Entra sinistramente pelas portadas e mistura-se com os ésteres, o ar, os espíritos condenados, os fantasmas e a poeira perturbada. A poeira ácida cobre João e encontra espaços livres debaixo dos cobertores, fendas no lençol de cima, buracos no pijama do rapaz. Rapidamente, após encontrar a sua presa, penetra nos músculos da criança e perfura-lhe o coração. Incapaz de respirar, os ossos de João congelam e o seu corpo fica completamente paralisado. Não dorme, desmaia.

A criança acorda feliz. Lembra-se da noite anterior e respira fundo, é bom estar vivo. Dona Isabel e o seu irmão mais novo já tinham saído do quarto e João salta da cama, lava-se e sai do quarto a correr.

Toma o pequeno-almoço na mesa grande que tinha sido posta para os trabalhadores algumas horas antes e esquece-se da noite ventosa e assustadora.

A quinta tem um ribeiro que a atravessa ao meio, um lago no fundo dos campos e um tanque de água de betão no topo, que assegura a rega dos domínios da Dona Berta durante todo o ano. A quinta é luxuriantemente verde em todas as direções e parte dela está coberta de árvores de fruto. Alguns campos têm cereais em fase de maturação. A colheita terá lugar após as férias.

A tarde está repleta de aventuras. De alguma forma, João consegue entrar numa carroça puxada por uma mula, que sobe e desce calmamente o caminho de terra até à hora do chá. A certa altura, João assume o controlo da mula. Pensando que está numa corrida, pressiona o animal a andar mais depressa. A tentativa dura cinco segundos, até que os arreios, os eixos e o peso de toda a carroça se apoiam na mula, fazendo com que a velocidade diminua.

A criança pensa ter ouvido a mula dizer, "Quem pensas tu que eu sou?"

**

No dia seguinte, a mãe de João leva os seus numerosos filhos à Foz. A casa onde vão ficar durante as férias situa-se no meio de uma encosta, num largo sem saída, que mais parece uma rampa larga calcetada com grandes pedras azuis escuras, negras, e extremamente irregulares devido ao tempo instável e às terras movediças dos últimos anos.

Dona Isabel recebe visitas e velhos conhecidos, um dos quais um cocheiro que trabalhava para o seu pai.

João levanta-se cedo e sai de casa sem avisar ninguém. Desce a encosta com cuidado, ele não quer tropeçar nas pedras ou, pior ainda, magoar os joelhos, que já estão muito marcados por muitas quedas. Chega à faixa de terra junto ao asfalto liso e olha para a estrada: não há trânsito. Abre as pernas o mais que pode e dá alguns passos largos quando ouve o som de um motor de carro pesado a aproximar-se. Dá alguns passos atrás e olha para o autocarro.

O autocarro para onde João está. A porta abre-se e alguns passageiros saem. A criança reconhece o homem ao volante. É o cocheiro que no dia anterior tinha visitado a sua mãe. O motorista lembra-se da criança.

"Olá, filho, como está a tua mãe?"

João aproxima-se do autocarro.

"Olá, João, queres uma boleia? Queres ver as vistas? Entra."

A criança olha para o adulto e aceita o convite. Põe-se ao lado dele, agarrado a um longo tubo cromado preso ao chão e ao teto. O autocarro interurbano arranca e segue o seu percurso normal. O motorista é falador e faz muitas perguntas sobre a sua mãe, mas a criança tem pouco a dizer, embora desfrute da vista privilegiada da parte da frente do veículo.

"João, está na hora de regressar."

"Não quero voltar."

Horas depois, o autocarro detém-se fora de mão na parte inferior da ladeira e o rapazito fica contente ao ver os irmãos a brincar no meio da ladeira. Salta alegremente pela porta do condutor para as pedras da calçada e, assim que uma das irmãs mais velhas o vê, chama pela Dona Isabel.

Esta, furiosa e desesperada, atira a criança para o chão e bate-lhe sem dó nem piedade à frente de todos os que passam.

"Vai para o teu quarto e fica lá até voltarmos da costa."

Os dias passam e a sua família aproveita o melhor do sol e do céu azulado, regressando cansados a contar as corridas que fizeram na longa extensão de areia limpa e os mergulhos nas águas frias do Atlântico.

João nunca sai de casa. Passa as férias fechado no quarto.

A Escola Primária e a Catequese

João não está ansioso por ir para a escola primária. Não espera nada de melhor depois do tempo passado no jardim de infância, que decorreu de forma regrada e aborrecida.

A sala de aula no primeiro andar é espaçosa e luminosa e tem uma grande varanda à qual as crianças têm acesso, embora tal seja contra as regras.

João e Tó conhecem-se e tornam-se imediatamente os melhores amigos, porque correm tão depressa um como o outro e mais ninguém consegue fazer o mesmo. Encontraram-se nas arcadas com colunas que servem as lojas. As duas crianças correm de um lado para o outro e, pouco depois, um contra o outro. Não há um vencedor claro e continuam a correr para cima e para baixo, à frente das lojas, entre as duas esquinas do edifício da escola, no primeiro andar. A alegria não dura muito tempo, pois um professor para a correria, mas João já tinha encontrado um amigo.

Aconteceu uma coisa boa que se tornou rotina antes e depois das aulas, João entrará sorrateiramente na única loja do bairro que vende a sua banda desenhada, os seus Dinky Toys e os seus modelos de plástico Revell. A partir desse primeiro dia escolar, entrava quase todos os dias silenciosamente na Papelaria Restelo pela primeira porta à direita da entrada da escola no rés do chão para ver os seus desejos e sonhos favoritos.

João teve uma semana gloriosa na escola e em casa, tendo sido poupado à violência habitual por estar alegremente ocupado com os seus trabalhos de casa. Agora é uma criança digna porque está finalmente a resolver coisas.

Tem de fazer cópias: vinte e cinco vezes isto, vinte e cinco vezes aquilo, ou vogais caligráficas escritas em cursivo: a, e, i, o, u, que tem de copiar, página após página, em maiúsculas e minúsculas. No último dia da semana, o professor Lamy introduz o alfabeto completo e os números.

Na escola, aprende rapidamente que tem de fazer os trabalhos de casa de forma impecável. 'A Dona Isabel castiga-me mesmo quando me porto bem. O professor Lamy nunca me castiga quando faço bem os trabalhos de casa.' O rapaz está feliz, pois a semana passa sem incidentes de maior, mas ele sabe que o bom não dura para sempre.

***

"João, está na hora da catequese."

É a aula de catequese que começou há algumas semanas. A catequista é uma rapariga simpática, mas as suas histórias são aborrecidas e nunca são melhores do que as da tia.

Todos aprendem as mesmas histórias. O herói é sempre o mesmo: bronzeado, barbudo, descalço, de cabelo comprido, com roupas compridas e uma multidão de velhos que também se parecem com ele e o seguem. 'Eles não são heróis.' pensou João, mas a catequista sabia o que João pensava e não concordava e repetia muitas vezes.

"São apenas pessoas comuns que acreditam nele. Todos nós acreditamos nele, somos seus filhos," diz ela.

João desanimou-se, "Não sou filho dele."

Inquieto, olha à sua volta como se pedisse aprovação às crianças, em contraste com a troça que se tornou habitual sempre que falava.

O grupo não responde.

"A minha tia diz que somos filhos dela. Eu não sou filho do barbudo, nunca falei com ele."

"Ele fala contigo quando o sentes."

"Não! Nunca falei com ele. O que é *sentes*?"

A jovem catequista não está habituada a um rapaz que diz não a quase tudo o que diz.

"João, as histórias da tua tia são fantasia. Os milagres não são fantasia, são a verdade."

Sem qualquer motivo aparente, João não aprende as orações que todas as crianças sabem de cor. Balbucia e imita as palavras enquanto o grupo as recita. Uma manhã, para sua surpresa, João acorda a saber de cor as duas orações principais. No caminho para a igreja, repete-as centenas de vezes.

O grupo de domingo é pequeno e as crianças revezam-se a dizer as orações. João recita finalmente as duas orações e a catequista elogia-o. As crianças do grupo riem-se dele.

"Não te preocupes, João, nem toda a gente consegue memorizar," diz a adolescente, depois de ouvir os risos e ver a expressão desanimada dele.[ii]

"Agora, vamos à última página. A lição de hoje é a última."

Tal como a maioria das ilustrações do livro usado na catequese no Mosteiro dos Jerónimos, as imagens na coluna da direita naquela última página estão perfeitamente desenhadas e pintadas em azuis claros, amarelos pálidos e rosas desbotados. Neste lado da página estão representadas todas as pessoas boas do mundo, bem como as suas boas ações, mas fazem-no através de caminhos difíceis e têm de ultrapassar obstáculos difíceis. A página da lição do dia tem outra coluna. É a primeira vez que o livro mostra a fealdade das pessoas. À esquerda, a página mostra uma coluna com cores fortes e pesadas: vermelhos, castanhos e pretos. Representa pessoas terríveis e as suas más ações que sobem ao topo facilmente pois não há barreiras ou algum impedimento, mas, estranhamente, estão sempre acompanhadas de coisas boas e bonitas, que os fazem felizes.

"João, o que é que estás a ver?" pergunta a adolescente.

"É uma corrida, o vencedor fica com todas as coisas boas," diz João, apontando para o caminho da esquerda, "É mais curto, as pessoas são mais bonitas e fortes, fumam charutos, estão sempre a sorrir e as mulheres ao lado deles são muito bonitas e usam vestidos lindos. Toda a gente é feliz!"

A catequista sorri e o grupo, pensando que ele disse uma outra parvoíce, volta a rir.

"O caminho mais fácil é o caminho errado, João, mas o que é que vocês veem no topo? O que é que todos vocês veem no topo? Qual é a recompensa?"

"O inferno," responde o grupo.

"E o que é que veem no fim do outro caminho mais difícil?"

"O céu."

"É o paraíso," diz a facilitadora. "Só através de muito trabalho árduo, sacrifício, preocupação com os outros e de nunca mentir é que chegaremos ao paraíso. É esse o nosso caminho."

João estuda a página e suspira de alívio. Até então, acreditava ser um menino mau, "Tu és mau," dizia-lhe a mãe todos os dias.

"Agora sei que não sou mau," murmura João, aliviado.

Sorri perante a visão do céu e murmura, "Eu nunca minto e sou bom, não deixo a mãe bater nos irmãos, eu levo por eles, por isso o meu caminho é o mais difícil e é por isso que vou para o paraíso. A mãe mente, toda a gente mente. Eu sou um bom rapaz."

As duas escolas, semana e fim de semana, acontecem juntas, não há tempo a perder.

A mãe diz a João, "Confessas-te no sábado e a comunhão é no domingo ao meio-dia. Nesse dia, põe a hóstia na tua língua e levanta-a até ao palato."

Dona Isabel repara na confusão de João e corrige-o, "O céu da boca."

João controla a língua e faz o que a mãe lhe diz. "Não é difícil," pensa.

A mãe continua, "Não engulas, não mastigues, não mordas a hóstia consagrada... é o maior pecado de todos."

"Comer hóstias é pecado?"

"Faz o que eu digo."

João não se atreve a perguntar à Dona Isabel o que era a confissão, mas esperou até que o professor Lamy estivesse sozinho. Não habituado a questões religiosas, o senhor Lamy não era crente, foi, no entanto, muito paciente e respondeu.

"Não te preocupes. Diz ao padre as coisas más que fizeste durante a semana, como mentir, recusar ou deitar fora comida, desobedecer aos adultos, qualquer coisa má que tenhas feito. O padre dir-te-á o que deves fazer depois de lhe contares os teus pecados."

"Mas eu não faço essas coisas."

"Tens de encontrar uma maneira, tenho a certeza."

No sábado, na véspera da sua primeira comunhão, João obedece à mãe e vai à igreja. Observa as pessoas a entrar e a sair. Há muitos rapazes e raparigas da sua idade, acompanhados por mães simpáticas, avós, tias e irmãs; alguns até têm os pais com eles. Curiosamente, algumas crianças estavam a chorar.

João entra na igreja, atravessa as grandes portas centenárias e dá por si sozinho no escuro, num enorme espaço entre colunas altíssimas e imponentes.

Ele não era estranho àquela igreja. A sua mãe tinha-o levado muitas vezes à missa aos domingos, mas esta era a primeira vez que entrava nela sozinho. Era bom, a igreja era dele, pertencia-lhe. Senta-se. No entanto, o silêncio dos claustros, o vazio, não há quase ninguém perto dele, esmaga o João. As dimensões do edifício parecem crescer e, para se salvar, encontra uma explicação silenciosa dentro dele para inverter a maré, 'Não vejo em nenhum lado um público chamado Deus que olha para mim a toda a hora. Sou livre.'

Caminha livremente em direção à grande mesa proibida no centro da igreja. Atrás dessa mesa, há outra ainda maior, cheia de ouro. Fica na nave principal, mas ninguém lá vai, nem mesmo o padre. "É um cobarde, ele não se atreve a lá ir," murmura João.

Vê crianças numa fila, a olhar para umas caixas de madeira escura encostadas a uma parede de pedra à sua esquerda. Uma criança sai e acena com a cabeça. Outra criança entra imediatamente. João observa os rapazes que saem da caixa, como se lhes tivesse caído uma enorme pedra em cima da cabeça.

João senta-se e espera. Chega a sua vez e entra na caixa. Alguém está a respirar lá dentro. É o padre, como lhe haviam dito, mas não consegue vê-lo, uma tábua de madeira com pequenos buracos circulares não o deixa vê-lo.

Uma voz de homem grita qualquer coisa. João entra em pânico, não compreendendo o que o padre está a dizer.

"Filho?"

Silêncio.

"Consegues falar? Foi a tua mãe que te mandou para aqui?"

"Sim..." João diz fracamente.

"Ela disse-te para falares comigo."

"Sim."

"Faz como a tua mãe disse: conta-me os teus pecados. Esta é a tua primeira confissão?"

"Sim," responde João com uma voz ainda mais fraca.

"Muito bem, diz-me só o que fizeste de errado esta semana."

"Não fiz nada," responde João abruptamente.

"Oh. Diz-me, filho, a tua mãe ficou zangada contigo?"

"Sim," responde João, confuso por o padre lhe chamar repetidamente 'filho.'

"Então aconteceu alguma coisa, porque é que a tua mãe ficou zangada?"

"Bati nos meus irmãos para os salvar," hesita e acrescenta, "Para os salvar da minha mãe e a ela também."

"Mmm... podes explicar por que razão achas que estavas a salvar a tua mãe e os teus irmãos e irmãs?"

"Eles mentem, eu bato-lhes e digo à mãe o que fiz... ela bate-me para não ter de lhes bater. Eu sou bom para ela e para os meus irmãos."

"Como te chamas?"

"João."

"Tens um bom nome. João, sabes as tuas orações?"

"Sim."

"Vais para ali, mesmo em frente ao altar, ajoelhas-te e rezas vinte Pai-Nossos e vinte Avé-Marias."

"O que é o altar?"

"A mesa grande, João... E ouve-me, bater nos teus irmãos é pecado."

"Eu salvo-os."

"Vai e reza."

O rapaz obedece ao padre. Tem de o fazer porque a mãe disse-lhe para fazer tudo o que o padre quisesse. No entanto, sai do confessionário com um sorriso no rosto.

"Disse a verdade, estou livre," murmura.

Ajoelha-se em frente ao altar e, para mostrar a todos o que está a fazer, move os lábios e diz as orações o mais depressa possível.

No dia seguinte, João levanta-se cedo para brincar a contruir uma casa de papel com árvores e animais. Depois de dobrar os recortes, cola os pedaços de papel num quadro. Estava concentrado quando a Dona Isabel o apanhou a sujar o chão.

"O que é que estás a fazer aqui?"

Ela tira o cinto do pescoço e mostra duramente a João o significado de ser um pecador.

"Agora limpa tudo e prepara-te para a comunhão."

João obedece e passa a cerimónia incluindo a comunhão a chorar, repetindo, "Nada do que dizem é verdade! Sou um Apache, sei o que tenho de fazer!"

Origamis - Dentes - A Drogaria - O Sputnik

Estava a ficar frio e a cortina de chuva continuava a cair com força. As meias de João estão molhadas, as suas botas já não são impermeáveis, e a Dona Isabel leva-o ao sapateiro da rua dos elétricos.

Ele lembra-se do homem, da sua loja suja e do mau cheiro quando passou por ela a correr. Não quer voltar a sentir aquele cheiro. João suspende a respiração até ficar com a cara vermelha. Dona Isabel vê o peito de João subir, vê as suas bochechas vermelhas e dá-lhe uma bofetada, dizendo, "Cuidado, criatura, isto é caro."

O sapateiro repara as botas no local e, quando o trabalho está feito, o homem mostra a João um pote de bálsamo e diz-lhe, "Tu, home, usa 'sta banha t'dos dias antes da 'scola."

"Faz isso, João, como o homem diz."

A chuva não parava. No dia seguinte, João adivinhou o que o homem e a mãe queriam que ele fizesse e esfrega o unguento nas botas. No rés do chão, cobre a cabeça e os ombros com uma capa velha e grossa que só resiste à água durante um quarto de hora. Na escola, não há lugar para secar a capa pesada e encharcada, que já ninguém usa. Todas as crianças que ele conhece usam capas de borracha.

***

João está a receber muitos elogios, mas não é um bom aluno, porque, quando as aulas são aborrecidas, inventa aviões. A sua última invenção é um hovercraft, uma folha de papel com um dos lados da parte de cima várias vezes dobrada e os lados mais pequenos apenas uma vez. Coloca-a sobre a carteira inclinada, com o lado mais pesado para baixo, e sopra firmemente por baixo dela. O hovercraft balança e desloca-se para a esquerda ou para a direita, para cima ou para baixo. Tudo depende da força e da direção do sopro, até os pulmões ficarem vazios de ar. Em breve, toda a turma está a imitar o João.

O rapaz inventa quinze aviões de origami, alguns baseados em modelos existentes e outros não. O mais bem-sucedido é o Mosquito. O seu irmão otimizou-o para o voo acrobático, fazendo aviões mais pequenos e mais rígidos.

Embora não tenha inventado o helicóptero de papel, gostava de fazer dezenas deles e, nos dias de vento, a turma soltava-os todos ao mesmo tempo, fazendo com que voassem em ondas sobre as casas até desaparecerem.

Os seus espasmos e dores acalmavam-se durante aqueles momentos criativos.

João, o Apache de sete anos, vive numa guerra incessante e pensa que a está a ganhar. Nada mudara: ele continua a ser o soldado que luta estaticamente todos os dias contra a Dona Isabel no átrio interior da casa com quatro portas junto à entrada principal.

A sua segunda escola também o desiludiu. Naquele dia especial da igreja, na sua primeira confissão, o padre não conseguiu convencer o menino mau de que bater nos irmãos era um pecado.

João sabe muito bem o que são pecados e o que está certo, "Sou castigado todos os dias porque salvo a minha mãe e os meus irmãos. Eu sigo o caminho mais difícil e vou para o céu," repete, em voz alta, a sua própria oração, até o seu sorriso se tornar claro. As pessoas apontavam para o céu quando falavam do paraíso.

Finalmente, tinha um sítio concreto para pesquisar: o lugar onde está o Paraíso e onde Deus vive. "Se tu tens rosto, que venhas cá abaixo sorridente e de mãos abertas," acrescentava sempre João.

***

Quando era mais novo, João brincava frequentemente no recreio do jardim de infância e ouvia os gritos e o choro no consultório do dentista. Quando os gritos se tornavam demasiado altos, as crianças paravam de brincar e alguns rapazes e raparigas mais corajosos saltavam a vedação para espreitar a sala de tratamento. Voltavam a correr para assustar os outros, "Vão tirar-lhes os dentes todos... vão ser monstros da noite... com garras, mas sem dentes."

Ao entrar na sala, João assustou-se ao ver a cadeira do dentista. É obrigado a sentar-se. O dentista aproxima-se. Tem armas de metal na mão e tenta colocá-las na boca de João, que grita e resiste o mais que pode. O dentista, a assistente dentária e Dona Isabel agarram-no. Os três não conseguem controlar a cabeça de João e, em desespero, o homem de branco usa o cotovelo para impedir o movimento da cabeça da criança. Sob esta pressão, João abre a boca e o dentista dirige o alicate para o local onde pensa estar o dente partido. Aperta-o com a maior força possível, da forma mais brutal possível dadas as circunstâncias, sacode o instrumento e puxa-o com decisão.

Infelizmente, o alicate agarrou três dentes de uma só vez. Nesse dia, João foi dormir com menos três dentes, mas disse antes de fechar os olhos, "Ainda tenho os outros e, por essa razão, não sou um monstro!"

No dia seguinte, quando Dona Isabel chegou a casa, teve mais cuidado para não bater na cabeça de João.

João associa isso à perda dos três dentes, mas percebe de imediato que não são os dentes que perdeu que a estão a distrair. Ela não o está a insultar com os seus habituais abusos. Está de volta à altura em que era mecânica e lhe partiu um dente. João está preocupado.

João reencontra a sua força seguindo o seu horário. Gosta da rotina, quando a consegue controlar: escola, casa, trabalhos de casa, jogos, ser cintado, espancado, chicoteado, mocado, destruído, açoitado, mais trabalhos de casa, banho, jantar e deitar.

As dores constantes com que vive não diminuem e o seu corpo não sabe o que fazer. Por vezes, sofre de espasmos excruciantes, agravados pelas provocações e mentiras dos irmãos e pelas agressões da mãe. Também afetam os seus estudos e o mais preocupante é a sua mente que começara há muito a enfraquecer. Nos últimos dias, tem visto a mãe de uma forma diferente. Havia qualquer coisa que estava a tornar Dona Isabel triste e cansada.

João está a começar a mudar. Tira tempo para brincar na rua e fazer os trabalhos de casa antes que a mãe lhe dê uma surra. Mais tarde, em vez de fazer os trabalhos de casa, fica com ela e sofre por ela.

'Mamã, o que se passa? Porque é que estás a sofrer?' João pergunta-se em silêncio.

Não é suficientemente corajoso para o dizer em voz alta, pois ela vai pensar que ele está a ir demasiado longe, o bastante para receber uma sessão extra de cinturadas.

***

A Dona Isabel leva-o às compras e ele odeia isso. A mãe dele fica no meio de um grupo de mulheres que não fazem nada. Estão na lojita, que a Dona Isabel chama 'drogaria', a falar com outras mulheres. Elas são todas iguais.

As mulheres gostam de o provocar e há sempre uma delas que atira as mãos em direção à sua cabeça. João espera uma bofetada, mas isso não acontece. Em vez disso, é a sua franja que elas querem mexer para o lado, porém, o seu cabelo é rigidamente forte e não se move.

"Por favor, deixem o meu cabelo em paz," murmura João, sem que a sua súplica seja ouvida. Mas o ataque ao seu cabelo não para. Gozam com ele, "Parece as cerdas do bigode do Sr. Tony," diz uma delas.

O Sr. Tony está ocupado atrás do balcão a servir o maior número possível de clientes tagarelas, "Sim, sim, sempre a falar de mim. Em que é que a posso ajudar?"

"Que estranha suposição, Sr. Tony. Não estou a falar de si, estou a falar do cabelo do pequeno João, que é tão duro como as cerdas das vassouras que vende."

João não compreende os mexericos, as brincadeiras e as três, quatro e muitas outras formas que as pessoas encontram para se provocarem umas às outras sem se ofenderem, mas ressente-se de ser o centro das atenções.

"Elas são inimigas," murmura João. "As mulheres são monstros, ogros, demónios." João baixa a voz, "Não é verdade, algumas mulheres são boas."

A tia era a única mulher de quem João gostava. Ele confiava nela. Ela era doce, cativante e falava com ele com amor e apreço. Era também amável, atenciosa, gentil e bem-humorada. João aprendeu todas as boas palavras com ela e com as suas histórias.

"A tia salvou-me a vida! Sou um Apache graças ao seu bom coração. Sem ela, estaria sozinho e isso seria tão mau como morrer."

João chorou quando Dona Isabel disse aos filhos que ela não ia voltar, que já não era necessária. Ele protestou, "Mas eu quero-a, ela é minha tia."

Dona Isabel não precisou de uma segunda desculpa, "Ela nunca foi tua tia! A única mulher a quem deves obedecer sou eu, a tua mãe."

A Drogaria é a loja local que vende tudo o que uma casa precisa e a qualidade dos produtos que os proprietários transportam é inigualável. É a loja mais bem organizada do mundo. Os dois proprietários e os seus empregados armazenam milhões de artigos que apenas uma grande loja consegue imaginar e sonhar. O stock estende-se do chão ao teto, não há espaços vazios ou permitidos. As mercadorias estão espalhadas pelos nove cantos da loja minúscula e pela pequeníssima saleta das traseiras.

Há quem diga que o nono cantinho é um lugar secreto, escondido do mundo, onde os donos e os empregados se escondem para fazer uma pausa e falar de futebol, porque, dizem eles, "Precisam de descansar."

Ninguém percebe como o fazem. Como é que se lembram onde as coisas estão e, pior ainda, como é que as tiram do nada, no meio duma pilha enorme de artigos diferentes, sem que a loja se desmorone? É um mistério que ninguém consegue desvendar. É a eficiência de saber exatamente quais os artigos que cada cliente prefere, onde estão, colhê-las, tudo isto sem perder tempo, o que maravilha as pessoas. "Quem precisa de grandes lojas, se temos a nossa própria drogaria! E à nossa porta."

A loja tem um empregado a tempo inteiro, um homem que faz entregas a pé, de manhã à noite. É um processo simples e rápido. O bairro foi concebido como uma grande borboleta, sendo a rua das lojas o corpo e as ruas ímpares e as ruas pares as asas. É um esquema racional, lógico e prático, e a simplicidade logica do criador da borboleta é incompreensível para quem está habituado às complicações típicas do país.

Dona Isabel mora na rua 14 casa número 32 e a Dona Dulce na 12-32. A linha que corta transversalmente as asas da borboleta ou a rua das lojas ao meio, divide os números das casas: pares a norte e ímpares a sul. A rua das lojas divide o bairro em ruas pares à esquerda e ímpares à direita. É um bairro simétrico, tudo perfeitamente lógico. As ruas que atravessam o bairro não têm nomes para não haver confusões. A consequência desta simplicidade é eficácia absoluta, é a relação de um para um, entre loja e cliente. É tão eficaz que algumas mulheres entram na loja só para falar com o Sr. Tony, porque ele tem todo o tempo do mundo.

"Oh, o Sr. Tony, é tão atencioso, tão prestável."

Os proprietários participam nas brincadeiras com as clientes, como parte do plano para as fazer regressar, mas nunca revelam as fontes dos seus mexericos e nunca mencionam nomes. Com o pessoal, que já faz parte da família, formam uma equipa e são os melhores especialistas em negócios e, principalmente, os melhores do mundo inteiro no atendimento ao cliente.

***

João teme quando a mãe o leva à drogaria. Não compreende o que se passa lá. O rapaz não percebe o que está por detrás de um sorriso, de uma gargalhada ou de uma expressão serena, mas sente demasiado bem quando um adulto está em pânico, assustado ou com dores.

Alguns clientes estão nervosos, é proibido usar a palavra "comunista," mas é precisamente isso que alguns clientes estão a fazer na loja.

"Os COMUNISTAS!"

"Os RUSSOS!"

"MÍSSEIS. Eles têm milhares deles."

"Foguetões no céu. Que afronta!"

"Os comunistas estão à frente dos americanos? Quem poderia adivinhar o disparate?"

"Eles vão destruir o mundo."

"Os americanos não os vão deixar."

"Os americanos perderam a corrida dos foguetões. Estão condenados."

"Chamam-lhe satélite."

"É o Sputnik."

"Oh, Nossa Senhora das Graças, salve este nosso maldito mundo das garras do diabo!"

"Salve-nos!"

O primeiro satélite artificial é o tema principal da conversa. Foi uma surpresa e apanhou toda a gente desprevenida. Russos? Nunca ouvimos falar deles. Quem são eles? Comunistas? Ah, agora estou a ver."

A propaganda no país é simples. Se o tema é indesejável, é melhor ignorá-lo, proibindo qualquer tipo de notícia sobre o assunto. É forçoso usar as palavras "cor de carne, encarnado," em vez de "cor vermelha, vermelho," sobretudo para falar da cor das camisolas das equipas de futebol, ou, no último caso, a notícia do dia. Tem-se de usar *satélite* em vez do termo *Sputnik*. No entanto, de alguma forma, ninguém podia ignorar o Sputnik e a palavra já tinha penetrado na mente das pessoas. Esta espalhou-se de boca em boca, de lábios estrangeiros para lábios locais. O regime não conseguiu impedir que as pessoas a dissessem e, antes de se tornarem motivo de chacota em todo o mundo, as autoridades espalharam a palavra em grandes letras na primeira página dos principais jornais, S P U T N I K.

A palavra "put" é utilizada em todo o lado, principalmente na fala, mas está escondida e nunca é expressa pelas pessoas de bem, ou seja, das classes média e alta. Por conseguinte, escondê-la do povo, o que já era demasiado tarde, poderia fazer com que se tornasse potencialmente parte de uma possível rebelião. Por isso, teve de ser deixada de ser censurada pelo regime e foi publicada na primeira página de todos os jornais com letras muito grandes. Assim, o regime digeriu a palavra proibida.

As pessoas tinham adotado a palavra como sua, como uma mulher de maus costumes, aceite até pelas suas esposas. A palavra soava astral, irreal, até lunática.

Os ajuntamentos de duas ou mais pessoas não são permitidos no país, mas a polícia política não pode impedir os compradores juntarem-se numa loja ou os grupos de curiosos verem reunidos o satélite a passar por cima das suas cabeças.

Um dos grupos, organizado pelo professor Lamy, reuniu-se no passeio à frente da escola. João fugiu de casa para se juntar a eles e ficou tranquilo ao ver a mota BSA cromada do professor Lamy. Com a orientação do professor, avistaram a pequena luz que se movia no céu escuro. A excitação era geral, todos gritavam "Oh!" e batiam palmas.

"Os russos derrotaram os americanos," disse um homem, "Se nos atacarem, estamos tramados."

"O fim vai ser rápido, para quê preocuparmo-nos!" disse uma rapariga, "Vamos dançar!"

Ninguém dançou. Ninguém saltou de alegria. João esperava ver alegria e, por isso, foi para casa triste.

Aprender a comer - A Lagosta

As refeições em família são tomadas na sala de jantar, que é suficientemente grande para o número de crianças que disputam a comida. Há uma espécie de harmonia à mesa durante as refeições, o que contrasta com a vida stressante do dia a dia em casa. Quando a Carmo come cebolas cruas, a mãe arranja uma mesinha pequenina posta ao lado da janela aberta e a irmã mais velha come sozinha lá sem perturbar os outros.

A mãe de João e, por vezes, a ajudante, a invisível Amélia, mantêm a ordem, dividindo a comida em partes iguais.

É proibido dizer "tenho fome." A Dona Isabel começa logo a fervilhar, mas não vai além do seu ditado favorito, "Apetite é a palavra correta - com fome estão as crianças da Cochinchina."

Dona Isabel educa os filhos a comportarem-se à mesa. Há uma lista pesada de coisas a fazer ou não fazer: desde como usar diferentes talheres, como comer peixe com os garfos e facas adequados e como abrir um peixe espinhoso com os talheres adequados sem o destruir. A carne tem tendência para ser fibrosa, o pão é útil com a sopa, mas nunca com a sobremesa ou a fruta.

"Nunca te esqueças do guardanapo."

Uma das piores infrações é comer ruidosamente com a boca aberta. Pior ainda, é falar com a boca cheia ou rejeitar a comida que é colocada no prato depois de se a ter pedido.

As suas correções, "Asas para baixo, cola-as ao corpo," eram um lembrete de que ainda havia muito a aprender.

Certo dia, Dona Isabel pediu ao seu filho mais velho para ficar para trás. João entra em pânico. Não se atreve a levantar os olhos, mas a mãe não se zanga, "João, meu filho, vamos ter de rever essas posturas à mesa."

Para manter as asas para baixo, tem de usar o polegar e o indicador para manusear as colheres, os garfos e as facas. Os talheres devem ser mantidos paralelos ao prato. Só se deve levantar o garfo ou a colher, nunca a faca e rodar sempre o pulso para dentro com uma torção suave. Os cotovelos movem-se para a frente e para trás, junto ao corpo, nunca os batendo para cima e para baixo, como se fossem asas de um pássaro.

Há mais imperativos: comer pequenas porções de cada vez, mastigar corretamente, "Vinte vezes!" sentar-se direito, com o tronco ligeiramente para a frente, "Já te falo das costas da cadeira," e manter a cabeça sempre sobre a mesa, "Se a comida cair, cai no prato."

A mãe instrui o João, "Nunca toques nas costas da cadeira, só as pessoas vulgares o fazem, e deixa os talheres dentro do prato. Junta a faca e o garfo, apontados para ti nunca de lado, e o empregado saberá que acabaste de comer."

João é um bom aluno e quer agradar à mãe.

Tudo acontece de uma só vez: um dia, os cotovelos mexem-se corretamente, não há garfos ou colheres a pairar no ar, a faca está sempre bem guardada no prato e a sua postura é perfeita.

Dona Isabel comenta, satisfeita com este estado de coisas, "Tudo tem de ser minimizado e elegante. Afinal, pertencemos a uma família antiga."

***

"João, vamos jantar com a minha família."

Dona Isabel veste-o e saem de casa. "Filho, porta-te bem, é a minha família, algumas das minhas primas ricas." Só para ter a certeza, acrescenta, "Promete-me que te vais portar bem, está bem?"

Ela não precisa de dizer nada: o João é extremamente tímido quando visita lugares onde as pessoas comunicam com palavras e não com violência.

Dona Isabel atravessa os portões de ferro abertos e caminha à volta da fonte italianizada, feita de pedra envelhecida e decorada com azulejos azuis na parte inferior. O velho palácio é baixo, mas relativamente comprido, com os cantos escondidos por grandes árvores.

As mulheres cumprimentam-se respeitosamente, prestando pouca atenção ao João, e conversam entre si. A criança senta-se numa cadeira no corredor. Ouve vozes ao longe.

Fica fascinado com o tamanho das portas e com a decoração. As pernas das mesas pequenas da sala são douradas. A cadeira em que está sentado tem a mesma cor cintilante e ele tira os pés da base, consciente do valor do apoio. As molduras dos quadros pendurados, alguns deles volumosos, também são douradas. "Ouro por todo o lado," murmura João, recordando as histórias da tia.

João fecha os olhos e respira fundo. "Ela não é tua tia," lembra-se a mãe lhe ter repetido tempos atrás. Lembra-se de outra vez em que se atreveu a responder antes da bofetada, "Ela é... a melhor mulher do mundo."

A tia contava-lhe histórias mágicas, inventadas só para ele, mesmo quando os outros irmãos se deitavam no chão aos seus pés.

Uma vez por semana, vinha remendar a roupa das crianças e os seus contos de fadas eram as pistas de João sobre palácios dourados habitados por reis, rainhas, princesas ou criaturas fabulosas, estranhas, fantásticas. Estas eram feias, deformadas, horríveis, embora algumas das criaturas hediondas fossem dignas de confiança. Para reduzir a pressão, ela introduzia um ou dois anjos para tirar os medos, ou gentis velhinhas cheias de amor e de espírito. João não era fã de princesas glamorosas, porque algumas eram caprichosas e más, e ele nunca conseguia adivinhar quais eram. "É como na vida real, a mãe é bonita, a tia não é, mas gosto da tia."

A criança, olhando para o corredor, nunca pensou que as descrições de cadeiras pintadas de dourado, paredes cobertas de papel requintado ou tinta carmesim e pungentes molduras douradas com caras feias penduradas pudessem ser reais.

João olha à sua esquerda e à sua direita e julga por si próprio, "As histórias da tia eram mesmo verdadeiras."

Uma mulher jovem, bonita, curvilínea, de olhos azuis e estranhamente loira, ninguém no seu bairro era curvilíneo, loiro ou de olhos azuis, aproxima-se de João e diz-lhe com uma voz surpreendentemente cativante, "Primo, estás sozinho. Vem comigo, está bem?"

Ela conduz João por mais corredores de espelhos dourados, que explodem numa miríade de objetos refletidos que fogem da sua vista, até que finalmente entram num quarto muito grande.

"João, queres sentar-te ali?"

A prima em segundo grau mostra-lhe um banco em frente a um toucador curvo com um amplo espelho de três faces por cima. O banco é grande, estofado em veludo verde-safira claro, com pernas curvas decoradas com folhas, ramos e rosas, tudo finamente pintado em tons de rosa dourado, ouro velho e verde-pastel.

O quarto é amplo. Há uma cama alta e, logo atrás desta, três janelas altas em fila. Em frente ao João, há dois grandes roupeiros iguais, pintados com os mesmos motivos. Há uma secretária com livros junto a uma das janelas e alguns tapetes felpudos no chão de madeira.

A prima estava a preparar-se e João distraiu-se com os frascos que tinha à sua frente. Eram perfumes e ele reagiu com nervosismo, "Ghhhrrr, fazem-me espirrar," disse ele em voz baixa, "A mãe só tem dois destes."

Estes frascos são diferentes, têm um tubo no topo com uma bola oval de borracha na extremidade. João procura o que as torna diferentes: são facetadas em cristal muito bem trabalhado e refletem a luz em diferentes cores.

De repente, vê algo que lhe desperta toda a atenção: o seu coração bate depressa e o seu corpo arrepia-se. O objeto do seu interesse é um pau comprido, polido e redondo, com uma bola de madeira numa extremidade e uma pequena mão em forma de garra na outra, pronta para o arranhar. A mão tem dedos que agarram o ar como garras de águia. João rodou-o no ar, imitando um pássaro em voo, e observou-o de todos os ângulos.

A prima aproxima-se e pergunta-lhe com carinho:

"Gostas?"

"Sim..." João responde num tom fraco, ainda concentrado na mão de macaco.

"Queres saber para que serve?" pergunta ela, estendendo-lhe a mão. A criança fecha os olhos, vira a cabeça para evitar o estalo e aguarda, a tremer. Não aconteceu nada. Ele hesitou, não levou uma bofetada, abriu os olhos e viu que a mão dela continuava lá, à espera. João percebeu o que ela queria e reagiu rapidamente. Envergonhado e tímido, entrega-lhe a garra.

A prima maneja o pau com a garra e coça as costas por cima de um dos ombros.

"Vês, engraçado, não é?"

João acena com a cabeça.

"Está na hora de ir, o jantar não pode esperar."

A prima, que acaba de se tornar uma das personagens mais meigas e doces dos seus devaneios e contos de fadas, leva-o para a sala de jantar, onde o espera mais magia. A mesa, já posta com pratos requintados, copos cintilantes e talheres reluzentes, é mais comprida do que a sala de jantar da sua mãe. Finalmente, a criança pode observar as suas primas. São todas parecidas, vestem-se da mesma maneira e têm o mesmo penteado. Falam todas da mesma forma, sempre em voz baixa e clara, embora a linguagem corporal delas o confunda. Não reconhece a Dona Isabel, que se transformou. Ali, agora, ela é exatamente como as outras. São todas iguais.

A tia mais velha, com a mesma idade da mãe, é a mais bonita de todas. A beleza faz com que João se torne um rapaz tímido e incapaz. Ela é marcante e o rapaz tem medo de a olhar, mas imagina-a confiante, solidária, bondosa, graciosa, elegante, atenciosa, amável e mais bonita do que qualquer princesa das histórias, muito mais do que uma verdadeira rainha e ele tinha visto uma a passar na sua rua.

O jantar é servido e João segue as regras. Segue à risca as lições da mãe, mas esta não o preparou para o extraordinário. No meio da mesa está uma taça de mármore reluzente, com plantas verdes a espalharem as suas folhas por cima, mas é a fonte no centro da taça que faz um esguicho abafado e faz crescer água na boca de João.

"Oh!" exclama ele, espantado.

"João, as moscas?!" Dona Isabel lembra-o e o rapaz fecha a boca, voltando às regras e rituais do jantar.

Sopa.
Colher.
Cotovelos para baixo.
Pão.
Manteiga.
Costas direitas.
Talheres.
Guardanapo.
Água.
Guardanapo.
Sem barulho.
Não engolir.
Engolir.
Um bocadinho.

Provar.
Tempo.
Esperar.
Seguir os outros.
Esperar mais.
Abrandar.
Costas direitas.
Cotovelos para baixo.

A sopa cremosa de espargos é deliciosa e os cubos de pão frito contrastam com a suavidade da sopa. Ele quer mais, mas não se atreve a pedir mais, pois ninguém comeu segundos. Teve de esperar pelo prato principal.

Mas, primeiro, recapitula o que aprendeu com a mãe. De cada lado do prato, paralelos e em ordem, João verifica os dois tipos de facas e garfos mais compridos: os de peixe ficam no lado de fora e os do meio são para a carne.

Entra então um homem vestido de preto, segurando à sua esquerda um tabuleiro de prata brilhante que parece um escudo de guerreiro medieval. Traz consigo um animal de aspeto aterrador.

O monstro tem uma cabeça enorme com olhos salientes e centenas de patas, farpas e pelos. O seu corpo laranja tem uma cauda retorcida e a sua cabeça é defendida por duas garras enormes que ocupam metade do prato.

O homem segura a prata e o animal com a mão direita, sem tocar na mesa. Segura-o pacientemente, mas à medida que respira, o prato brilhante move-se ligeiramente para cima e para baixo, para a esquerda e para a direita. João não percebe assim, vê uma criatura terrível a ameaçá-lo, como aquelas que o esperam depois de atravessar a ponte em busca de segurança, como numa das muitas histórias que a tia lhe contou.

De forma brusca, João exclama um indesculpável "Não!" e esquece-se de acrescentar "Obrigado."

O herói das suas histórias assusta-se e fica paralisado. Consciente de que acaba de fazer algo imperdoável, encolhe-se no seu lugar. Para se tornar completamente invisível, recusa todos os outros alimentos, incluindo um delicioso gelado coberto de migalhas de biscoitos com pedaços de chocolate e um creme de leite quente à parte.

A não ser que seja uma visita ao dentista ou ao médico, a mãe nunca mais o levará sozinho a lado nenhum.

Aconteceu no início do verão e João ainda tinha sete anos.

Medos - Mané - Sputnik 2

A mãe está demasiado ansiosa para visitar a loja e falar com os amigos. Podia ter ido ao café-pastelaria do Chico Careca, que é o lugar onde as pessoas querem ser vistas por outras pessoas, mas ela anseia por muito mais: quer saber o que as pessoas estão a dizer sobre o país e que tipo de rumores estão a espalhar.

João é o seu filho mais velho e Dona Isabel espera que ele seja o seu acompanhante, para que ela possa passear nas ruas com o respeito que uma senhora merece.

No entanto, ela mostra-se relutante em estar com ele, "Tu desiludes-me sempre, sempre."

O fiasco do rapaz em casa das primas não é a única situação de que ela se queixa. Mesmo antes de todo o caso com os russos e o Sputnik, João já tinha revelado um comportamento inadequado em diferentes ocasiões, mas tinha sido particularmente desprezível na presença de outras senhoras, algumas das quais nem sequer eram suas amigas.

Dona Isabel não tem escolha, pois os seus outros filhos são demasiado novos. Ela resiste a sair de casa durante alguns dias e João vê-a tornar-se cada vez mais errática. É um mistério que ele não consegue resolver, mas a situação é perigosa porque as agressões contra ele estão a aumentar em número e intensidade.

O rapaz ouve as conversas dela com a Amélia e depressa percebe o motivo de tanto nervosismo. Tudo gira em torno dos russos e do Sputnik. O rapaz fica perplexo, "O que é que o Sputnik lhe fez?"

"Aqueles russos, aqueles comunistas," dizia ela, repetindo depois a sua queixa preferida, "Estou tão sozinha."

'São os russos, os comunistas. Odeio-os!' repetia João para si mesmo, protectoramente, querendo que as coisas voltassem ao normal, mas o rapaz tem outros problemas com que se preocupar e que são tão vitais como as dificuldades de Dona Isabel.

O satélite russo é o acontecimento mais significativo para ele desde a sua aventura no autocarro. Ambos o ajudaram a esquecer a sua dor. Agora, olha para o céu negro e estrelado e desenha o curso da luz das estrelas.

Outros pensamentos ocupam a sua mente, 'O céu é onde está o Paraíso e Deus vive no Paraíso - agora, os comunistas apoderaram-se dele.'

"Roubaram o Paraíso," repete em voz alta enquanto observa o movimento dos astros.

As ideias nunca o confundem. João simplesmente adapta a realidade externa às suas próprias crenças, encontrando sempre uma forma de construir uma verdade que o faça sentir seguro. Depois de observar os céus durante algumas noites, decide finalmente fazer as pazes com o que ouviu, com o Sputnik, os russos, os comunistas, as histórias da Igreja, os medos e as distrações de Dona Isabel.

"O paraíso já não existe; agora pertence aos russos," diz ele calculadamente.

Dona Isabel tem novas preocupações. A mais recente é a proximidade das eleições legislativas. Ao regressar para visitar a drogaria, não tem outra alternativa senão levar João consigo.

"Só as pessoas que sabem ler e escrever ou que pagam impostos podem votar," diz um homem.

"Ótimo, não podemos deixar que a ralé ignorante vote," diz outro cliente.

"Ninguém deve votar, temos um governo e votar é para quem lambe-botas."

"Cuidado com a linguagem, por favor," intervém uma senhora.

"Quem é que se importa, não há oposição?" acrescenta alguém.

Assim que o último comentário foi ouvido, um pequeno grupo de homens escondeu o rosto e saiu da loja.

Ninguém os conhece. Vieram para agitar os clientes habituais.

"Estes tipos são russos, são comunistas infiltrados," diz uma mulher, envergonhada por ter estado com eles.

"Querem comunistas nas nossas eleições. Nunca enquanto eu for vivo," diz um apoiante de Salazar.

"Nunca!" repete pomposamente um homem de testa franzina e pescoço roliço que veste uma camisa de algodão azul, com gravata de bolinhas e um fato azul-escuro desbotado. É um conhecido engraxador-político e representante do único partido político permitido no país. É, provavelmente, um dos milhares de informadores de que a polícia política se serve para manter o país pobre, mas satisfeito.

A mãe não diz nada e vai para casa desanimada. Não bate no João e vai para a cama chorar. A criança ouve-a a soluçar e fica à porta do quarto dela até ela adormecer.

***

O rapaz debateu-se com as explicações da Dona Isabel sobre a tia que adorava e o cão Tejo de que pouco sabia. Depois de o cão ter partido a cabeça, João aproximou-se do animal e tornaram-se amigos. As coisas não eram como ele esperava e, um dia, Tejo não mais estava à espera dele, "Porque fugiste, meu amigo, tinhas-me a mim."

João continua a pensar no destino de Tejo, mas tem medo de perguntar à Dona Isabel o que acontecera ao cão. Em vez disso, procura um novo cão e conta ao Mané a história do lobo mau. Os dois rapazes concordaram em ir ver o feroz cão de guarda da Vivenda. Uma semana depois, após uma abordagem cautelosa semelhante à de Tejo, o grande canino habitua-se aos dois rapazes.

O cão aceita mais Mané do que João. O cão até permite que Mané acaricie o seu pescoço e os músculos das patas dianteiras. João tem demasiado medo para fazer o mesmo e o animal sente-o. Há dias em que João visita o cão sozinho e se aproxima dele, mas nunca tem coragem de tocar no animal.

Algumas semanas mais tarde, o cão começa a perder a sua atitude rígida: levanta a cauda, abana-a um pouco e deita-se ao lado de Mané. João não se zanga por os cães o evitarem porque sabe bem que tem demasiado medo de tudo para confiar em qualquer pessoa ou animal. A sua dor torna-o ansioso e dificulta a sua capacidade de relaxar. As pessoas, e agora os cães, sentem a sua vulnerabilidade e não confiam nele.

Mané é apenas Mané, um rapaz de rua que, ao contrário de João, manifesta curiosidade sobre o que o rodeia.

"Gostava de ter um amigo," diz João ao lobo, um dia em que está sozinho.

A meio do mês, dois polícias em trajes civis vêm à procura do rapaz cigano.

A partir desse dia, Mané deixou de vir brincar com João. Apesar de viverem na mesma rua, os dois rapazes nunca mais se falaram.

***

Dona Isabel retomou a sua rotina e João faz parte dela. Para João, a loja é uma má notícia; não consegue evitar as mulheres que lhe acariciam o cabelo.

"O Canal do Suez está a ser atacado: explodiu no momento em que o Sputnik deixou de funcionar."

À noite, a criança saiu para o jardim para confirmar que a luz que andava a vaguear pelos céus há cerca de três semanas tinha desaparecido. "Porque é que parou? Será que o céu voltou a ser o paraíso?"

Uma semana mais tarde, João recebe a resposta. Um segundo Sputnik é lançado e os vizinhos, em pânico, afirmam, "Os russos vêm impedir as eleições, é a guerra."

Os factos e a verdade pouco importam quando as coincidências são fundamentais: o segundo Sputnik foi lançado no dia das eleições presidenciais do país.

"Quantos Sputniks é que eles ainda têm? Os americanos estão a dormir," João repete o que ouvira na loja.

Dona Isabel continua a chorar durante a noite, mas João já não faz guarda à porta do quarto dela.

Na escola, João continua a vencer no jogo dos berlindes e agora tem muitos admiradores. Não repara em Gago, o mudo, nem nos seus amigos, que não frequentam a escola privada. Sem nunca falar ou dizer alguma coisa, sentam-se na vedação de ferro baixa para ver João jogar e já o fazem há uns dias seguidos. Os dias passam, no sábado à tarde João folheia um

Pato Donald que Tó lhe tinha emprestado e a Amélia não está a trabalhar, está a ouvir o rádio que toca a canção "É uma casa portu..." de Amália Rodrigues, quando um dos seus irmãos grita.

"FOGO! Um prédio está a arder!"

João corre para a rua da rainha, onde vê pessoas a juntarem-se não muito longe. O edifício em chamas é um edifício de quatro andares, devoluto e condenado a ser demolido. Não há vento e o fumo negro sobe verticalmente. Os carros de bombeiros encostam ruidosamente, o fumo transforma-se numa mistura de preto e branco e o fogo é rapidamente extinto.

A polícia chega e alguém diz, "Foram os ciganos, incendiaram o prédio. Foi o Mané, o maldito rapaz. Eu conheço esse bandido, ele aparecia por aqui até a Vivenda ser assaltada."

"Mané? Não, não é verdade, não é possível," murmura João, "Ele nunca faria tal coisa."

O homem prossegue e diz à polícia apontando onde vive o Mané, "Não muito longe, num aglomerado de casas atrás dum único muro alto desta rua no outro lado da avenida."

A tia tinha contado a João histórias sobre os viajantes, "Eles vieram de tribos perdidas da Índia antiga. Quando há uma guerra, uma revolução ou uma perseguição, arrumam o pouco que têm e deixam o país. As mulheres usam sete saias e exibem todo o ouro que têm à volta do pescoço e dos braços."

Um segundo homem acrescenta, "Os nossos são sedentários; são apenas residentes como toda a gente."

"São ladrões."

"Não é verdade," diz João.

"O Mané é um deles," diz outro homem.

"Ele é meu amigo, não foi ele," acrescenta João.

"Cala a boca. Ele é um cigano, o que é que esperavas?" intervém outro homem.

João afasta-se da multidão e regressa a casa, pensando no amigo, "Ele não é diferente, os pais é que são, todos os pais são diferentes. Ele é bom, o nosso cão-lobo gosta dele."

Ao chegar a casa, encontra Dona Isabel a chorar e, desta vez, está a falar com Amélia.

"Há guerra por todo o lado, não tarda nada ela está aqui e estou sozinha. Os comunistas mataram centenas de oficiais no Vietname. Os russos estão a apoiá-los, os franceses e os americanos estão contra os russos e eu estou tão sozinha."

Na sexta-feira seguinte, os americanos enviaram um satélite para o espaço. Tony e os seus clientes concordam que afinal os americanos não tinham sido preguiçosos. Uma mulher, que durante a crise procurou admoestar Tony, ri-se nervosamente por se ter sentido um pouco nervosa durante o horário de expediente.

"Não é nada, minha senhora, não é nada, a vida continua."

Dona Isabel usa o habitual cinto ao pescoço e João regressa ao seu modo de soldado. Ela terá o seu oitavo filho em março e bate regularmente em João. Tudo volta ao normal.

O Bando do Mudo - Pai - Bambu

Na escola, João está a tentar aperfeiçoar a sua última invenção em papel, mas esta falha e voa como uma borboleta morta. Aproveita o seu maior intervalo para jogar aos berlindes.

As duas rondas do campeonato estão quase a terminar. Todos os rapazes que perderam querem uma terceira ronda, mas João recusa-se, pois é o campeão.

Após o último jogo, um dos espectadores habituais aproxima-se dele.

"Tenho um acordo para ti."

"Que é?"

"Quero trocar o meu berlinde pelo teu melhor avião."

"Berlinde?" pergunta João.

"Este, uma nuvem."

O rapaz mostra-lhe o berlinde.

"Mas as nuvens são caras."

"O meu pai quer o teu melhor avião de papel."

João está sempre à procura de berlindes perdidos, mas não tem aquele que tem à sua frente. As nuvens são caras e os seus donos mantêm-nas bem protegidas, como se fossem diamantes.

João segura o berlinde na mão para o sentir bem. O pedaço de vidro é pequeno, mas tem uma forma perfeita. É acastanhado, cremoso e esbranquiçado em alguns pontos. As cores entrelaçam-se em faixas à sua volta, como se fossem nuvens a cobrir um pequeno planeta. O rapaz sabia que tinha ali um tesouro.

As nuvens constituem a terceira classe mais poderosa na hierarquia dos berlindes. A ordem é a seguinte: Abafadores, Alhos e Nuvens, todos com o poder de capturar as classes inferiores a qualquer momento. Os mais baixos são os Soldados, feitos de vidro transparente de má qualidade.

João faz o avião preferido do seu irmão, o Mosquito, e troca-o pela cobiçada Nuvem.

A partir desse dia, o jogo no campo plano com três buracos em linha atinge um novo patamar: ninguém consegue sequer sonhar em vencê-lo. Os rapazes mais velhos desafiaram-no e foram vencidos.

As suas vitórias eram sobre participação e diversão, e ele sabia que era o melhor, mas os rapazes com Abafadores e Alhos tinham o poder de lhe arrebatar a Nuvem. Se isso acontecesse, ele perderia tudo. Todos os jogadores estavam cientes do perigo que aqueles que tentavam agarrar os seus berlindes representavam. A maioria não era competidora e, assim que um jogo terminava, escondiam os berlindes de vidro nos bolsos.

As regras de sonegar berlindes são simples e rigorosas: ninguém pode apanhar berlindes de ordem inferior se estes estiverem a ser utilizados num jogo em curso. É proibido tocar em qualquer parte do corpo da vítima, nem sequer numa unha. Ao fazê-lo, o agarrador torna-se um rufia, todos os outros rapazes viram-se contra ele e ele tem de devolver o objeto ao seu legítimo dono.

O truque para garantir a segurança do precioso objeto é colar o berlinde numa bola maior de plasticina e mantê-la segura no saco da escola, ou num dos bolsos dos calções.

Alguns vizinhos amigos tinham dito ao João, "Cuidado com o bando do Gago, eles batem-te e roubam-te tudo o que tens."

O Gago é um rapaz grande, quatro anos mais velho do que o João. É mudo e gagueja muito. Ninguém consegue perceber o que ele diz e, por alguma razão, está sempre zangado e ameaçador.

Com ele estão dois rapazes de uma zona desfavorecida entre a estrada marginal do Tejo e a linha do elétrico. Depois de terem visto os alunos 'ricos' da escola privada a jogar aos berlindes, os três rapazes decidem segui-los.

Tó e João correm para a varanda da sala de aula e olham para a rua das lojas. Não veem o Gago. Os dois rapazes vão a pé para casa e viram à direita, na padaria. É muito tarde, o Gago e os seus dois amigos esperam por eles mesmo atrás da loja.

Tó reage rapidamente e corre para a rua comercial, mas João tenta fugir pela primeira rua à esquerda, atrás das lojas, em direção à rua da rainha. O bando apanha-o na esquina superior, perto do jardim.

Desde que a Rainha de Inglaterra visitou a zona, os arbustos nos cantos das lojas tornaram-se mais altos e mais espessos. O Gago leva João para uma das maiores sombras e espreme-o. Ele balbucia sem sentido e procura berlindes. Encontra a bola de plasticina, mas não encontra mais nada. Os outros dois rapazes juntam-se a Gago e revistam João uma segunda vez, mas não encontram nada.

"Vimo-lo a jogar, ele tem um."

Com raiva, remexem nos livros escolares, mas não encontram nada entre as páginas e atiram-nos para o chão, debaixo de um arbusto. Os três rapazes aproximam-se de João, olham para ele e fogem, confusos. A criança, assustada, é deixada para trás com os braços e as mãos ainda levantados. João sorri e olha para a palma da mão: o berlinde esteve sempre com ele, escondido na mão cerrada por cima da cabeça.

***

A embarcação, que transporta os oficiais entre o cais naval da cidade e a base naval do outro lado do Tejo, tem um pequeno motor no meio, coberto por uma caixa rígida solta. Um cabo grosso à volta da borda protege a parte exterior durante a amarração.

João salta para o convés do barco. O som das suas solas a bater na grelha de madeira é alto. Um marinheiro, com um fato de macaco azul esfarrapado, botas pretas grandes e um chapéu branco redondo, leva o rapaz desequilibrado para um banco lateral. A seguir, entra o pai de João.

O marinheiro aguarda que o oficial dê o sinal de partida. O homem solta os dois cabos das pequenas balizas do cais, certifica-se de que os passageiros estão seguros, verifica a água, ocupa o seu lugar ao volante, assegura-se de que o espaço entre o barco e a parede desgastada do cais aumenta e acelera. O barco salta para a frente. O antigo barco salva-vidas corre sobre a água verde-escura, salpicada de ondas. O marinheiro faz uma curva apertada e dirige-se para alguns edifícios e navios de guerra distantes no outro lado do rio.

Os aposentos privados do pai de João ficam no primeiro andar da moderna residência dos oficiais da marinha. Ele desafia João, "Corrida até ao fim do corredor?"
João acena afirmativamente.
"Preparar? Estás pronto? Vamos!"
Os dois correm o mais rápido que conseguem. João acha que o pai é demasiado grande para correr depressa e acaba por ganhar a corrida, embora saiba que o pai o deixou ganhar. Os dois almoçam na messe dos oficiais, onde a criança é o centro das atenções.

No dia seguinte, ao fim da tarde, João regressa ao cais, onde a mãe o aguarda para o levar a casa. Ela não diz nada durante o trajeto. Ao chegar a casa, estaciona o carro, tranca-o, abre o portão do jardim, a porta da frente e pendura o casaco.
Não bate em João.
"Toma um banho e deixa a casa de banho limpa," diz ela.
João dorme bem e sonha com a recordação mais antiga que tem do pai. Era sobre uma festa de Carnaval. Ele tinha três anos e a mãe e o pai estavam alegremente vestidos, a rir e a sair de casa com outro casal. Usavam roupas engraçadas: o pai usava um vestido, mas pelo menos tinha as pernas à mostra. Na realidade, era um lençol dobrado até aos joelhos, que imitava uma túnica romana.
No dia seguinte e em todos os dias seguintes, João não presta atenção às queixas traiçoeiras dos irmãos. Não lhes bate. O rapaz sente-se seguro.
Finalmente, pode portar-se bem.

***

A avó de João tem um grande jardim, onde se encontra um arbusto de bambu comprido com canas muito finas num canto. A planta fascina-o; gosta da sua flexibilidade e do poder que imagina que tem. Brinca com os irmãos, senta-se numa parede para uma fotografia de família, mas os seus olhos nunca se desviam do bambu.

A criança pede à avó autorização para cortar algumas canas.

"João, o que vais fazer com os pés do bambo?" pergunta a avó Judith com uma voz doce.

"Vou construir uma caravela, um navio de antigamente."

A Dona Isabel não diz nada, mas olha para a mãe com um olhar vazio e respira fundo.

João monta a sua oficina na sala de estar, no canto à direita, longe do caminho por onde as pessoas passam, mas ao lado do telefone. Constrói a estrutura do navio com uma curvatura flexível que só o bambu permite. Termina a forma da caravela, instala os conveses e os mastros e prepara as velas separadamente do navio.

"Está bom, vai ficar perfeito!"

No dia seguinte, de manhã cedo, João desce as escadas a correr para acabar a caravela. Tem de atar as velas aos mastros com cordas que tirou da caixa de costura da sua mãe.

A Dona Isabel ouve os passos do João e entra na sala de estar. Ela para atrás dele e murmura qualquer coisa. João está demasiado ocupado para ouvir o que ela está a dizer. Ela entra na biblioteca ao lado da sala de estar, desaparece por um momento, depois regressa, ainda a murmurar.

Inclina-se sobre João. O rapaz sente-a e desvia-se para evitar ser atingido, mas bate com a cabeça na parede.

Dona Isabel descarrega a sua raiva na caravela, destruindo o modelo de bambu.

João vai para o seu quarto e chora, murmurando, "Ela já não é a minha mãe." No dia seguinte, João encontra um presente na sua cama. É um dos caças que ele cobiçava há muito tempo, o modelo de plástico Revell F-84. Durante o último mês, João visitara a loja todos os dias para ver a imagem na caixa. Ela era tão vívida que ele conseguia ver as chamas do motor a queimá-lo e o fumo atrás dele a cegá-lo, e imaginava o avião a saltar da caixa e a voar para o céu azul.

João monta o modelo e olha para ele.

Adora o avião, é um dos caças que tanto queria, mas passou a representar a Dona Isabel, que já não é a sua mãe.

O rapaz sombrio vai até ao quintal, escolhe um local no meio do terreno irregular e atira o F-84 para o ar com toda a força que tem.

O avião cai intacto no asfalto na rua da rainha. João não corre para ir buscar o modelo. Fica à espera. Um carro passa e desvia-se para evitar destruir o avião. Depois vêm dois carros, estão perto um do outro, o primeiro passa por cima do brinquedo sem o tocar, mas as rodas do segundo esmagam os emblemas da USAF, a bandeira americana, o cockpit, as asas, a cauda, todo o sonho, deixando apenas pedaços.

O Faísca - O Barco de 3 Mastros - A Escolha Errada

Há dias em que João se levanta cedo, sai silenciosamente do quarto, desce as escadas em bicos de pés, abre furtivamente a porta da cozinha e sai de casa para passear e sentir a frescura do dia e os primeiros movimentos das pessoas na rua. O rapaz ignora o inevitável, que a Dona Isabel irá descobrir que ele saiu de casa e que a consequência normal contra ele será espancá-lo.

"Como posso saber se és tu ou um ladrão?" Dona Isabel diz sem emoção para justificar o uso do cinto, a que chama cinturadas. Depois, fica zangada e cansada.

Uma das primeiras recordações de João é o médico de família dizer a Dona Isabel que o seu rapaz mais velho sofre de colite nervosa. Na altura, João tinha apenas quatro anos. Desde então, João tem tido dores constantes e alguns dos espasmos que o assaltam frequentemente são muitas vezes insuportáveis. Para as aliviar, tem de transportar sempre consigo um frasco de vidro com medicamentos. Nem sempre ajuda e o único recurso que a criança inconscientemente encontra é fazer coisas, qualquer coisa, concentrar-se em construir algo com qualquer material, como um avião ou um barco, usando as poucas ferramentas existentes em casa, ou ler um livro que seja melhor e mais forte do que as dores. A Enid Blyton sabe escrevê-los. Quando não pode fazer nada e as dores são insuportáveis, tem de correr. "Colite nervosa? Olha o que os teus nervos te estão a fazer," diz Dona Isabel, consternada.

No domingo, D. Isabel leva a família à missa das 12 horas no Mosteiro dos Jerónimos por uma razão simples: é um dever. É a missa a que vão as pessoas importantes do bairro ou que ela conhece, mas João não vê lá muitos amigos ou vizinhos. Além disso, João não acredita que as amigas da drogaria, que controlam tudo e todos, sejam verdadeiramente amigas da Dona Isabel, pois todas vão a essa missa.

Depois da missa, como de costume, a serviçal Amélia e a dona de casa servem o almoço pré-preparado para dez pessoas. Dona Isabel detesta surpresas e, num daqueles dias domingueiros, deparou-se com uma delas em casa, o que a deixou furiosa. O seu marido estava em casa com uma visita, um jovem vestido de marinheiro que a fitava com um sorriso aberto, denotando como se a tivesse conhecido desde sempre. Foi um tremendo choque.

À mesa, o visitante respondeu abertamente às perguntas das crianças usando um tom suave de voz, o que lhes causou grande surpresa, pois estavam habituadas às vozes marcantes dos pais. Faísca respondeu a qualquer pergunta por mais curiosa que fosse com palavras que as crianças compreendiam. Eram tão diferentes daquelas que conheciam na vida familiar normal, tanto na maneira como a mãe respondia, como na forma como o pai, sempre alheado da família, o fazia. Estranhamente, até a mãe e o pai se riam, e por vezes de maneira descontraída como Faísca falava, mesmo às perguntas mais disparatadas. Felizmente, para apreço da educação familiar nenhuma delas foi ofensiva. Para a Dona Isabel e todos os filhos e filhas dela, foi a primeira vez que interagiam com um rapaz de Angola.

O sorriso, a confiança, a segurança e a atitude juvenil do jovem foram suficientes para atrair o João. O rapazito de sete ou oito anos ganhou coragem e convidou o visitante de dezoito anos para brincar aos apanhados no jardim. Faísca riu-se e aceitou o convite. O seu irmão um pouco mais novo junta-se a eles no jardim. Nenhuma das crianças consegue antecipar as fintas, os agachamentos e os saltos de Faísca. É uma tarde suada e o marinheiro leva os dois rapazes ao seu limite, mas nenhum consegue acompanhar o homem forte e ágil.

No meio da confusão, de repente, a dor de João desaparece como se nunca tivesse existido. Surpreendido, João para de correr e olha para o jovem à sua frente. João não consegue adivinhar o que o homem está a pensar. Faísca para também para o observar, enquanto o seu irmão mais novo lhe agarra as pernas. João sabe que esse novo amigo parece estar feliz, um sentimento que ainda não compreende, mas o jovem angolano está a sorrir, o que é um bom sinal. Faísca está simplesmente a fazer o que o seu pai lhe ensinou há muito tempo e, sem o João saber, a brincadeira trouxe-lhe as melhores memórias de toda a sua vida.

Infelizmente, Faísca viu a alma de João com tristeza. Naquele preciso momento que os dois pararam para se observarem mutuamente, percebeu que a criança não era diferente do seu amigo Domingos: que ambos carregavam o peso da dor para onde quer que fossem.

Faísca e o seu pai despedem-se. O NRP Carvalho Araújo está finalmente armado, tripulado e recheado, pronto para zarpar rumo a África.

"Quando?"

"Amanhã de manhã, filho, podes ver o barco a sair rio fora da tua varanda."

No dia seguinte, João abre as portas interiores e exteriores do seu quarto e senta-se no chão da varandinha. Ajeita-se com o ombro esquerdo apoiado na soleira da porta enquanto os seus olhos perscrutam através das grades da varanda olhando para o pequeno triângulo entre os edifícios ao longe que mostra o rio Tejo.

A manhã é clara, mas o antigo navio da Classe Flower da Marinha Real Britânica já tinha partido rumo a outras cidades costeiras das ilhas do Atlântico. João não se importava, pois sonhava com Faísca a abraçar o funil do navio e com o seu pai como comandante. Sabia que a realidade e o sonho não coincidiam, mas não se importava, pois manteria o seu sonho vivo.

***

João está ocupado a fazer algo que mais ninguém pode fazer por ele. O trabalho vai ter de esperar mais alguns minutos porque ele tem de descobrir onde está o papel higiénico da casa de banho do rés do chão.

De repente, ouve um barulho no hall de entrada. Mesmo numa casa com oito crianças e dois adultos, o pai não conta, está sempre longe, a rotina é perfeita e a maior parte dos sons são facilmente identificáveis.

João não reconhece a confusão que se segue, é uma mistura de pés pesados a fazer barulho no chão e vozes baixas de homem a falar. Parecem vir do hall de entrada, para ele ainda mais difícil porque é o palco principal da sua vida, onde todos os dias pede a Dona Isabel para lhe bater no seu corpo culpado e dessa maneira manter paz em casa.

O rapaz reconhece a voz de Faísca.

"Ele voltou do mar para me ver," murmura João, enquanto pergunta, "Onde está o papel?"

O estrilho das pernas e pés no chão, o correr e as portas a abrirem-se transformam-se num farfalhar quando sobem as escadas acima dele e, por milagre, tudo desaparece.

João começa a preocupar-se. Ouve uma porta a abrir-se e imagina que é a do seu quarto, que agora está repleto de tesouros preciosos: um longo punhal indiano com uma lâmina ondulada de dois gumes, uma raquete de ténis de madeira com a armação que encontrou no sótão, mas com os fios partidos, e alguns dos seus desenhos pessoais pendurados ou fixos nas paredes. É a vida dele, é o que o faz sonhar: Índia, África, América, países longínquos, mas jogar ténis é um desejo possível,[iii] e desenhar é o que ele faz porque não consegue falar.

"Estão no meu quarto para levarem as minhas coisas," pensa, ansioso.

O rapaz apressa-se a sair sem lavar as mãos e corre para o andar de cima. O pai sai do quarto, olha para ele, sorri e desaparece no piso inferior.

João respira fundo e abre a porta. Olha rapidamente para a parede em frente e vê que o punhal e a raquete ainda lá estão pendurados. Senta-se na cama e examina o quarto rapidamente. O coração dele salta aos pulos ao ver o que está em cima da sua secretária. Trata-se de um barco à vela grande, com três mastros de tamanhos diferentes e grandes velas. Levanta-se para o ver melhor e descobre um barquito na parte de trás do convés do veleiro.

O barco está num suporte. Ele mede o barco com o seu olhar perspicaz. É muito mais pequeno do que ele pensava na primeira reação, O ponto mais alto do barco é o topo do mastro do meio que está a uns bons cinquenta centímetros do teto.

João senta-se na cama e começa a soluçar.

"Tu navegas?" pergunta ele ao novo brinquedo, "Tens um barquito contigo para salvar vidas, tu tens de navegar."

O rapaz tira o barco do suporte e deita-o na cama para o examinar minuciosamente. O casco foi esculpido duma única peça maciça de madeira. Contente com o que vê, inspeciona todos os outros pormenores: todas as velas, fios, cabos se fosse um barco a sério, manivelas, todas as funções, todas as surpresas que o modelo possa ter, tudo com muita atenção. A lança do último mastro controla o leme. Se vai para um lado, o leme vai para o outro e o barco vai a direito.

"Ótimo, foste feito para navegar."

O coração de João bate de excitação, mas a surpresa dura pouco. Ele tem sete quase oito anos de idade, mas o seu conhecimento de barcos mostra-lhe que a quilha parece demasiado pequena e leve para garantir a estabilidade do grande barco na água. Já tinha construído muitos barquitos à vela para seu divertimento. Os seus instintos e tudo o que aprendeu através das tentativas e erros que cometera ao criá-los afinou a sua mente e as suas mãos para a perfeição.

"Não parece equilibrado," pensa ele.

João leva o barco para a casa de banho, enche a banheira com água e coloca o barco cuidadosamente sobre ela.

O barco vira-se de lado.

João perde o interesse pelo barco e abandona-o na banheira e comenta como se fosse um marinheiro profissional.

"Não tem vontade de navegar. É um presente que não é um presente. De que serve um barco que não gosta de água?"

O tempo familiar passa, as crianças vão para a cama e João entra no seu quarto e encontra no cimo da sua secretaria o barco limpo e seco no seu suporte. João ignora-o, mas Dona Isabel segue a criança e diz-lhe, "Vou falar com o teu pai para ver se alguém o pode arranjar."

O rapaz fica preocupado, mas a oferta é a única coisa que ela pode fazer, afinal de contas, foi ela que destruiu a caravela dele que estava a construir com os bambos do jardim da avó.

Passam-se meses. De repente, ouve-se uma batida à porta. É o pai, que permanecerá na capital durante alguns dias antes de partir novamente. "João, trago-te o barco amanhã e testamo-lo no domingo."

O barco à vela de João regressa com uma massa de chumbo na quilha e o rapaz testa-o uma vez mais na casa de banho. Desta vez, mantém-se direito, "Mas será que és suficientemente forte para aguentar o vento?"

João não antevia que iria recuperar o barco, pois tinha visto o barco onde o pai e o Faísca trabalhavam passar uma segunda vez no rio, desta vez a caminho de África, pensou. Viu-o apenas por alguns segundos naquele triângulo do rio Tejo entre os telhados dos edifícios ao longe, mas foi o suficiente para acreditar que não regressariam.

Pouco depois, o pai deixa a sua posição de imediato no navio sediado em Angola e regressa cedo, sem dizer nada sobre o Faísca. Tudo o que sabia era que era agora comandante de um pequeno barco sediado em Faro, chamado Almirante Schultz, e que se dedicava à colocação e manutenção de boias junto à costa. O pai ausente, que agora se encontrava em casa por uns dias, não se esquecera do barco, tendo surpreendido o João. Porém, não se dirigiu a ele pelo seu nome e dono do brinquedo como este esperava.[iv]

"Amanhã vamos testar o barco. Entretanto, teremos uma visita esta tarde. É o Padre Cabeçadas, um capelão naval e um grande amigo. Pedi-lhe que viesse ver o João. Quero que todos estejam bem vestidos para o receber. João, ficarás aqui depois do almoço."

O visitante chega em uniforme branco completo e o Comandante Reis apresenta cada um dos membros da família, incluindo a mais recente adição, uma menina, que é calorosamente cumprimentada.

Todas as crianças saem da sala, exceto o João.

"João, o Padre Cabeçadas está aqui para falar contigo."

"Falar?"

"Sim, não te estás a portar bem, estás a torturar a tua mãe, o padre vai ajudar-te."

João e o padre ficam atrás, a olhar um para o outro.

"Está um dia bonito. O que gostas de fazer quando brincas lá fora?"

O capelão tem uma voz agradável que não intimida o João, que, aliviado, o ouve e recupera a voz.

"Brinco aos índios e aos cowboys, sou um Apache."

"Oh, estou a ver, lutas pela justiça... ajudas os fracos e fazes boas ações, certo?"

"Sim, é isso que eu faço. Os Apaches morrem com honra, mas ajudam-se sempre uns aos outros."

"E tu? Alguma vez te bateram?"

João não responde.

"Podes dizer, eu não vou dizer nada."

"Sou um soldado todos os dias, salvo a minha mãe."

"Porque é que a queres salvar?"

"Ela bate-me quando não faço nada. Os meus irmãos traem-me."

"E o que é que tu fazes?"

"Não quero que a minha mãe lhes bata."

"Mas... antes... o que é que fazes?"

"Eu bato-lhes! Faço-o porque a minha mãe não é justa."

"Achas correto bater nos teus irmãos?"

"Eles gozam comigo e bato-lhes porque vão à mãe contar mentiras do que fiz e não fiz e ela acredita sempre nelas. Faço justiça antes que se queixem!"

"Porque não falas com ela?"

João olha para o homem que tem um nariz enorme, mas que conseguiu abrir o seu coração.

"Não posso falar, fico nervoso."

"Ah, bem."

"Quando foi a última vez que lhes bateste?"

"Quando o pai estava fora."

"Ah. Bater em alguém é errado, tu sabes disso."

"Não gosto, mas tem de se fazer justiça."

"Oh, estou a ver."

"Como vai a escola? Algum problema?"

"Nunca, sou um bom aluno."

"O que é que fazes na escola e em casa?"

"Invento aviões, gosto de construir casas, barcos, carros, gosto de arte, mas prefiro ler. Gosto de matemática, mas detesto línguas. Gosto de jogar aos berlindes, fazer ginástica, saltar, correr muito e jogar à bola, mas não gosto de futebol."

"Ah, fazes isso tudo?"

"O meu pai deu-me um barco à vela."

"Tens orgulho nele?"

"Orgulho?"

"Gostas do que ele faz e gostas quando ele te ajuda."

"Sim."

"Tens amigos?"

"Não, sim. O Tó é tão rápido como eu e empresta-me livros."

O homem sorri e João fica seguro de que o Padre Cabeçada está bem.

"João, não podes bater nos teus irmãos, é errado."

João não responde.

"Podes prometer que não bates nos teus irmãos?"

João olha para baixo e fica em silêncio.

"Tenho a certeza de que és um bom rapaz, vais portar-te bem, não vais, João?"

"Eu quero portar-me bem, mas..."

O homem olha para João e faz uma pausa por um momento.

"João, o dia está lindo, vai e aproveita-o."

O pai e a mãe entram na sala.

"Então?"

"Desculpem, mas não posso dizer nada além de que ele é um rapaz normal com um sentido de justiça deslocado, mas o seu coração está no sítio certo."

O casal abafa os seus pensamentos e o Comandante oferece um pouco de vinho da Madeira ao Capelão.

"Madeira? Acho que é um bom aperitivo."

"Vou preparar algumas garrafas, como prenda."

"Não é preciso, Reis."

"Eu não bebo."

"Se assim o diz, agradeço na mesma."

"Comandante, disse que queria ir visitar o Comandante Ataíde."

"Não é longe."

O comandante chama o João.

"Vem connosco."

Os três descem a rua 14, viram à esquerda, chegam à rua 18, viram à direita e descem, passando por algumas casas, até ao local onde vive o Comandante Ataíde. Os três oficiais da Marinha falam de missões e da nova política de abertura adotada pelo Império, devido à recente pressão internacional.

Falam de navios, da pequena guarnição de Goa, da presença naval em África, na Ásia, em Timor, em Macau e noutros locais.

A conversa torna-se séria quando o assunto é África. O rapaz ouve atentamente o que o Comandante Ataíde diz, enquanto este descreve o seu trabalho no rio Cubango.

"Reis, não posso aceitar o convite deles e apresentarei o teu nome como a pessoa certa para o trabalho."

"Fazer o levantamento dos rios de uma área maior do que a França?"

"Se aceitares o trabalho, terás de construir tudo de raiz. Não há escritório, não há sistemas de apoio, nada. Terás de formar e preparar a tua equipa, criar sistemas para elaborar mapas e máquinas para os reproduzir. Terás de os distribuir. No terreno, terás de organizar pontos para obter dados sobre níveis de rios, caudais, tudo sobre secas, inundações, etc. Terás de desenvolver os teus serviços para construir barcos e jangadas, bem como formar pessoas para manter e adaptar veículos todo-o-terreno. A minha experiência nas zonas arenosas muito finas diz-me que os Land Rovers têm motores fracos e os Willys motores e pneus, ambos não são adequados nestas áreas. Têm rodas pequenas que cortam a areia fina como uma faca até ficarem presas. Arranja outra coisa."

O Comandante Ataíde faz uma pausa para que o jovem Comandante Reis possa assimilar todos os obstáculos que o seu novo trabalho lhe vai colocar.

"Proponho o Lubango como centro de operações. A bacia do Cunene faz parte da vossa missão, mas os rios Cubango (Okavango) e Cuando estão muito longe e são muito maiores. Durante a estação das chuvas, podem ser necessários quarenta e cinco dias ou mais para chegar à capital por terra, mas têm o porto de Moçâmedes. Em duas semanas, é possível obter bens e materiais na capital. Nada está feito ou pronto para vocês. A boa notícia é que a linha férrea que chegará a Menongue no próximo ano está a caminho de ser concluída. É um sítio pequeno, com quatro ou cinco casas, mas central para o funcionamento das bacias do Cuando e do Cubango. Parece que a província do Luena vai ser dividida em duas, com uma nova província a chamar-se Cuando-Cubango e Menongue será a sua capital. Por lei, o estado vai investir na capital."

O Comandante Reis olha para o filho.

"João, vai brincar lá fora," diz o pai.

O rapaz sai da sala e senta-se em frente à entrada principal.

"O Faísca está em África. Eu quero ir para África," murmura João.

João olha para a janela à sua esquerda e lembra-se da única historia maternal acerca dele que a mãe contava aos visitantes.

"João tinha apenas seis meses quando desapareceu. Pensámos que tinha sido raptado. O berço vazio estava em cima de uma mesa junto à janela aberta que dava para o portão principal. Ele nunca tinha gatinhado e estávamos desesperados. A Amélia, a nossa ajudante, começou a chorar e eu juntei-me a ela. Foram momentos de puro desespero. A janela estava aberta e conseguíamos ver que o portão estava fechado e que ninguém o fecharia atrás de si depois de sequestrar uma criança. A Amélia correu lá para fora e lá estava ele, no chão de mármore do pátio da entrada principal, a mais de metro e meio da janela acima dele.

Esperávamos que estivesse ferido, pois o bebé chora muito, mas não o tínhamos ouvido chorar.

Para nosso divertimento, o bebé estava deitado de barriga para baixo a brincar alegremente com bichinhos de conta, à espera que as criaturinhas se abrissem e se esticassem para ele poder tocá-las e voltar a fechá-las. Ele era tão giro."

"Eu não sou giro," diz João.

João distrai-se com as nuvens lá em cima, perto do Paraíso. Imagina que todos estão a ir para África, para onde o Faísca vive, não muito longe dos rios Cunene e Cubango, naquela região do Sul, que ele repetidamente ouvira os três oficiais descreverem como "Maior que a França."

A Ondina – As Boas Intenções

O som da música invade o bairro. João tenta ignorar a música alta que o distrai da leitura. Ao abrir a porta da varanda do quarto, é surpreendido por uma explosão de som que o atinge no peito. A música parece vir da Vivenda. O portão, a entrada e a casa grande estão frustrantemente escondidos pelas árvores, mas há muitos carros de luxo estacionados na rua.

João desce as escadas a correr. As suas irmãs mais velhas estão na sala de estar, "A filha do vizinho casou-se hoje," comentam, "A famosa orquestra ligeira de Shegundo Gallarza vai tocar na receção."

João corre para a rua para ver os carros e vê um Rolls-Royce, um Bentley, um Jaguar, um Porsche, um Ferrari, um Maserati e um Mercedes descapotável desportivo de duas portas que pertence à sua prima.

João ri-se ao ver um carro pobre e desalinhado entre os ricos veículos de quatro rodas. É um Hillman, tal como o seu primeiro Dinky Toy.

"Estás a rir-te do meu carro? Tem quatro rodas como aquele Rolls-Royce. Não é verdade, rapaz?" diz um homem debruçado sobre a cerca da Dona Virgínia, a casa do lado direito da vivenda e parcialmente oposta à casa da sua mãe.

João salta, assustado.

"Ei, não tenhas medo, vives aqui?"

João não responde.

"Tu moras aqui, não é, criança?"

João acena com a cabeça.

"Olha para o carro, há pessoas."

João vê uma mulher e uma criança no carro.

"Desculpa, não os vi."

"Rapazes e carros."

A mulher e a criança saem do carro. A criança é uma menina da sua idade com um nariz arrebitado e olhos penetrantes. João cora.

"Olha para ele, já está apaixonado pela princesa," diz o homem, e a mulher ri.

"Desculpe, jovem, mas o meu vizinho teve a amabilidade de me dar boleia. Ele está a brincar consigo."

João olha para a mulher, em choque. Ela parece-se com a tia, mas mais nova, pensa ele.

"Jovem, viste um fantasma?" diz a mulher, estudando o seu olhar.

"Mãe, ele é tímido, temos de ir."

"Onde, Ondina? Não tenho ninguém aqui para tomar conta de ti?"

"Chamo-me Maria, Sra. Maria. Estou aqui para ajudar as senhoras com as suas roupas. Sou uma modista, uma estilista."

João suspirou e diz, "Boa tarde."

"Oh, ele fala, o rapaz elegante fala."

"Oh, Frederico, ele não é chique, não vês?"

"Vives neste bairro?"

"Jovem, onde é que tu moras?"

João aponta para a casa em frente.

"Estás a ver, não é uma casa de luxo."

"Não importa, olha para o tamanho do jardim."

"O que é que o teu pai faz?"

"Ele é um oficial da marinha," diz João, confiante.

"Estás a ver, Frederico, estas casas são para pessoas com bons empregos, mas não são chiques."

"Não importa, não é o meu estilo."

"Qual é o teu nome?"

"João."

"Quantos anos tens?"

"Vou fazer nove."

"A minha filha tem nove."

João olha para a rapariga e volta a corar.

"És tímido, o nome dela é Ondina."

A rapariga estende o braço, levanta a mão aberta mais alto do que o normal e diz, "Sou a Ondina."

João hesita, levanta a sua mão sem jeito e aperta a dela suavemente.

"Agora somos amigos."

João sorri suavemente e cora novamente.

"Ondina, tenho de entrar. Porque não convidas o João?" "Podem brincar juntos no jardim."

João abre ainda mais os olhos.

"Vem comigo... aqui só há adultos. Gostava de ter alguém da minha idade com quem brincar."

Ondina pega na mão de João e puxa-o para o portão da Vivenda, e o rapaz não resiste.

A Sra. Maria caminha rapidamente, ignorando a procissão de vestidos e casacos pretos.

"Ondina, João, vocês os dois ficam aqui, não vão a lado nenhum."

Tim não está em lado nenhum.

"De que é que andas à procura?"

"Do meu amigo. Ele é que guarda a Vivenda."

"Amigo?"

"Tim."

"Já vieste aqui?"

"Sim, só para estar com ele."

"Que idade tem?"

"Não sei, ele não fala."

"Oh."

"Ele é um cão-lobo."

"Rapaz tonto, os cães não são amigos."

"Ele é meu amigo."

"A mãe diz que os rapazes mentem muito. Tu mentes?"

"Eu não minto."

"E vocês são amigos."

"Ele está sozinho, eu estou sozinho. Estamos juntos."

Ondina volta a sua atenção para as pessoas que passam.

"Olha para eles, não se amam."

A jovem olha para um casal que se aproxima da Vivenda: o homem caminha ligeiramente atrás da mulher.

"Ele não quis vir e ela está zangada."

"Os sapatos magoam-na," diz João, olhando para os saltos altos que se debatem contra o asfalto áspero.

"Magoam-na?"

"Sim."

"Que parvoíce."

"..."

"Olha para as caras deles."

"Normal."

"Ela está a comê-lo vivo."

"O quê?"

"Ela está zangada, por amor de Deus."

"Ela não se consegue mexer com aquele vestido apertado e os sapatos magoam-na," diz o rapaz, voltando aos seus pensamentos originais.

"Ela quer ser admirada e a minha mãe diz que a roupa e o poder são primos."

"Não vejo porquê."

"Ela é uma mulher, rapazinho tolo, ela quer ser bonita."

"Ah! Bonita, o que é isso?"

"João, olha para mim."

João fica novamente corado, os olhos pretos dela penetram-lhe na alma.

"Não sejas tímido, apenas olha."

Ela é irreverente, o seu nariz côncavo e sorriso atrevido esmagam o rapaz.

"O que é que vês em mim, João?"

"Tens um cinto que não é necessário, não segura o vestido."

"Mais uma vez, parvoíce; é assim que é."

"Gosto que estejas limpa; as raparigas que brincam na nossa rua são como nós, sempre sujas."

"João."

O rapaz desvia o olhar.

"Conheço-te há cinco minutos e já me insultaste."

"Eu não fiz nada."

"Fizeste, sim, não estavas a prestar atenção."

"Eu não estou na escola, vim ver o Tim."

"O Tim... quem é o Tim? Quem é que quer saber do Tim?"

Silêncio.

"De que é que gostas?" pergunta a rapariga.

João suspirou de alívio, finalmente algo a que podia responder.

"Os meus livros, o meu barco, correr, o cão Tim."

"Estás a ver, não gostas de raparigas.

"Gosto das que brincam connosco, elas são boas."

"A mamã diz que somos todas princesas."

"Vi a Rainha num cortejo na minha rua."

"Que rainha?"

"A Rainha Isabel, a Rainha de Inglaterra."

"Isso é mentira."

João fecha os olhos e encolhe os ombros.

"Tenho de ir."

"Porquê?"

"O Tim não está aqui e chamaste-me mentiroso."

***

João vê sozinho os programas de televisão americanos. Após meses a vê-los, chegou à conclusão de que tudo em casa está errado: a mãe, o pai, as irmãs, os irmãos... todos fazem tudo mal.

A sensação de ver a família de fora frustra-o e a sua dor aumenta, "Tenho de mudar, tenho de ser bom."

João adapta-se, estuda mais e tenta não bater nos irmãos, que ainda o provocam com as coisas mais pequenas. Em casa, fica no seu quarto a ler para não ser acusado de cometer disparates. Já não discute pelo controlo-com-fio ligado ao televisor que ajusta o balancear fugitivo das imagens da emissão e finalmente desistiu de ser o soldado que espera na porta da frente para ser espancado por Dona Isabel, a fim de a salvar e também salvar os irmãos das queixinhas que fazem.

As melhorias são notórias. João recebe presentes e aumenta a sua coleção de modelos Revell cuidadosamente montados. As últimas adições à sua coleção de modelos de plástico, juntamente com o Hood e o Arizona, são o cruzador Camberra, o último que lhe ofereceram foi o destroyer John Paul John, bem como os aviões, as fortalezas voadoras B-17 e B-52 e o jato Phantom.

O seu quarto está cheio de histórias e recordações. Agora sente que o punhal e a raquete de ténis na parede já não estão sozinhos e o barco à vela, que regressou do quarto da sua mãe depois de um grande castigo, tem agora no cimo da escrivaninha uma boa vista sobre a sua querida coleção de modelos de plástico postos ao lado do suporte do veleiro.

O rapaz espera que as suas dores desapareçam. Já aconteceu uma vez, quando o Faísca o foi visitar, e é possível que volte a acontecer. "Não quero ter dores novamente," murmura, mas sabe que estão a piorar. João lê livro após livro. Tem um vocabulário vasto, mas não consegue exprimir-se pois fica bloqueado na presença de crianças e adultos e não consegue formular frases corretas.

Pela primeira vez, odeia a escola. Há uma nova disciplina, o francês, mas a professora, uma mulher pequena e estranha com o cabelo pintado de vermelho e uma voz alta e agressiva, não o deixa em paz. João recusa-se a aprender uma única palavra de francês.

Felizmente, o professor Lamy continua a ser a rocha que sempre foi e a turma conta com ele para se motivar.

À medida que o fim do ano se aproxima, é planeada uma simples festa de Natal. Dona Isabel, com a ajuda de uma amiga, decide escolher e premiar a criança que mais progrediu durante o ano.

A mãe desliga a televisão e anuncia a sua decisão, "Vou escolher a criança que mais progrediu este ano e que teve os melhores resultados escolares."

A competição é entre as irmãs mais velhas do João, que estão ambas num colégio interno que dizem detestar e o seu irmão um ano e pouco mais novo.

A Dona Isabel olha para as filhas e diz, "O João é o vencedor deste ano. Vamos festejar."

O João fica perplexo.

"Mãe, isso não pode ser... Ele não é o melhor," grita a mais velha.

"Estiveste fora, não viste como o João melhorou."

"Voltamos aos fins de semana, não aceitamos que o João seja o melhor," repete a Carmo, sublinhando o "melhor" com desgosto.

"Ele bate nos nossos irmãos e continua a não se portar bem," diz a irmã número dois.

Dona Isabel olha para os seus oito filhos, cinco rapazes e três raparigas, e desiste das suas novas boas intenções.

Exames - Bebé Preto - No Terreiro do Paço, Quase

O ciclo oficial de quatro anos da escola primária termina com um exame de Estado. João faz dois exames: o primeiro é o exame oficial de conclusão do ensino primário. Se for aprovado, garante-lhe automaticamente um lugar numa das escolas secundárias locais, denominados liceus. O segundo é o exame especial de admissão ao Colégio Militar. As datas dos dois exames já foram marcadas.

No que diz respeito à escola, João nunca precisou que lhe dissessem o que fazer ou o que estudar, mas está preocupado com o facto de os exames não se realizarem na sua escola. O exame de Estado realiza-se em Oeiras, uma vila longe da sua casa. O segundo exame é no Colégio Militar, que fica perto da tia Judite, irmã mais velha da sua mãe.

A Dona Isabel leva o João ao liceu de Oeiras. A zona em torno da escola está caótica, com carros por todo o lado, muitos deles estacionados nos passeios, e as pessoas a terem de andar na rua.

"Selvagens," diz Dona Isabel.

Ela para o carro e deixa João longe da confusão, "Vai, filho, boa sorte."

João sobe os poucos degraus que o levam ao átrio da escola. Há muita gente a andar sem rumo ou a comportar-se de forma estranha. São os "selvagens," como Dona Isabel lhes chama. Em particular, há um grande grupo de mães que entram com os filhos pela entrada do átrio quase a correr e não falam, elas gritam.

João está confuso, não há razão para tanta agitação, afinal, os nomes e as salas de todas as crianças estão afixados em grandes folhas de papel no átrio principal da escola, na única entrada pública. No exterior, há muitos sinais bem visíveis que indicam às pessoas para onde devem dirigir-se.

"A confusão favorece os estúpidos," diz alguém.

"Não ao estúpido, mas sim ao esperto, que é o oposto de inteligente," diz outro.

João encontra a sala de aula no rés-do-chão e espera à entrada. Espreita para dentro da sala, onde um adulto, provavelmente um professor, verifica e chama nomes de uma lista. As crianças entram por ordem, mas o ambiente é barulhento.

João ouve o seu nome e o adulto indica-lhe o lugar onde deve se sentar. É uma carteira escolar de madeira, junto a uma grande janela com vista para o exterior e que fica longe da área de circulação.

"Sai daí, este lugar é meu," diz-lhe um rapaz.

João olha para o rapaz e para a carteira, onde está o seu nome escrito.

"Este é o meu lugar."

"Sai daqui ou bato-te."

João nunca tinha sido ameaçado na escola, nem mesmo por Gago, e agora, mesmo antes do exame, um rapazinho arranja tempo para o maltratar.

"Senhor professor. Por favor..." chama João.

O professor ouve o apelo, aproxima-se de João, agarra no rapaz que está de pé sobre as costas deste e leva-o para o outro lado da sala. De seguida, obriga o rapaz zangado a sentar-se junto à porta de entrada.

"Um dedo fora do sítio e ponho-te na rua."

"Quando começar o ano apanho-te," grita o rapaz, enquanto olha para João.

O barulho lá fora continua.

João olha para fora. As janelas estão muito altas, pelo que um homem alto não conseguiria ver para dentro da sala de aula. João está preocupado porque, lá em baixo, mesmo por baixo das janelas, há muitas mulheres a gritar e a chamar pelos filhos.

Olha para a sua fila e vê mais rapazes a lutar pelos lugares. O mesmo adulto que levou o rapaz que o ameaçou há alguns minutos olha para a confusão, mas não faz nada. É como se já não se importasse. Na realidade, a diferença está no facto de João o ter chamado "Sr. Professor" e ter dito "Por favor." Essas palavras foram suficientes para ele identificar João como um potencial filho de alguém importante.

O número de lugares à janela é limitado e as mulheres cujos filhos não conseguiram lugar saem, enquanto as outras, vitoriosas, se acalmam e ficam à espera.

João sorri e diz, "Oh, que bom, as mães estão aqui para encorajar os filhos."

O exame começa e João concentra-se nos seus papéis, mas o barulho do exterior não para.

Alguém grita.

"Ei! Ei!"

O rapaz olha para baixo e vê um homem a chamá-lo.

"Ei, miúdo, atira-me o teu papel por vinte moedas." João sente-se indignado e assustado, mas ignora-o, porque é uma distração.

Mais tarde, vê os alunos à sua frente a atirarem os testes pela janela fora. O tempo passa e todos os trabalhos feitos no exterior são devolvidos aos seus donos nas carteiras, presumivelmente com todas as perguntas respondidas.

O professor não quer reparar na fraude.

Na semana seguinte, os principais jornais noticiam o escândalo dos exames neste liceu.

João ouve Dona Isabel a falar sobre o assunto.

João fica surpreendido por o escândalo não estar relacionado com as muitas mães, pais e alunos barulhentos, nem com os grupos que são pagos para fazer os exames por eles.

Trata-se de um rapaz que foi apanhado numa burla especial, usando um rádio transmissor em miniatura que ele e o irmão mais velho tinham fabricado em casa com o mineral galena. O escândalo nem sequer teve a ver com a batotice, mas sim com a anulação do exame do rapaz. Os comentários das pessoas eram variados, alguns incompreensíveis.

"Ele devia ter passado, é um génio!"

"Não pode ser, ele fez batota!"

"Ele já provou que é melhor do que a maioria, devia passar."

"Ele é um batoteiro! O irmão, a mãe, o pai... toda a família, os avós, as avós, os cães, os gatos e os papagaios deviam ser deportados."

"Deportado? Para onde?"

"Para Missombo, em África. Faço-o como um favor... Até posso assinar uma carta de boa conduta para o carcereiro."

Ao ouvir os comentários, Dona Isabel, nervosa, afastou-se do grupo de cidadãos preocupados. O campo do Missombo fica perto de um dos locais onde o seu marido trabalha.

"Vem comigo, João."

João não ficou contente com a conclusão do último exame no Colégio Militar. Teve dificuldade em adaptar-se, pois os edifícios são velhos e distribuídos ao acaso e as pessoas estão sempre ocupadas, com alguma coisa para fazer ou para onde ir. Ele queria perguntar-lhes onde eram os exames, mas não o conseguiu fazer.

Na escola primária, João tinha um bom relacionamento com os adultos. Infelizmente, a confusão de encontrar a sala certa para os seus vários exames aumentou as suas dores de barriga, mas pelo menos não havia mães ou trapaceiros fora das salas.

João passou nos dois exames, mas as suas notas no exame de admissão ao Colégio Militar não foram boas.

"Suficientes, só suficientes, meu Deus," diz Dona Isabel.

Grávida de cinco meses pela nona vez, Dona Isabel está furiosa, "O teu pai deixou-me outra vez sozinha, está sempre a viajar e eu tenho de te aturar e fazer tudo sozinha."

O Comandante está em África. Aceitou finalmente a missão de fazer o levantamento hidrográfico das bacias dos rios do sul da colónia e escolheu o Lubango como centro de operações.

"Lubango parece-me bem," diz a criança para si própria.

O verão deveria ser a melhor estação do ano para João, mas ele evita o ar livre tanto quanto possível. Até visitar o Algarve, onde o navio balizador estava atracado, ele era um corredor de ponta, mas já não é, em parte devido a algo que afetou os seus pulmões. Felizmente, tem os seus livros.

***

A semana tinha começado bem, pois tinha passado os dois exames escolares: um para uma escola civil, o exame em Oeiras, e o outro, que era a escolha da família por causa do internato. João não era o primeiro nem o último a ser admitido nesta instituição militar para crianças. Ele ficou feliz por a sua nota aparecer no meio da lista, exposta ao público no átrio do Colégio Militar, fazendo com que ficasse invisível, mas para a sua mãe ele teve uma nota má. Para ela, era terrível, como poderia o seu marido aceitar esta nota? João era o filho mais velho e não lhe interessava que o resultado obtido fora suficiente para lhe garantir o acesso ao internato militar.

"O mínimo! Que desgraça!"

No dia a seguir, Dona Isabel viu o outro lado da história que era mais positivo para ela e soltou um suspiro de alívio, "Oh meu Deus, finalmente..." apressando-se a comprar o uniforme militar e a longa lista de roupas escolares necessárias para vestir o rapaz, "Vão transformar o menino mau num menino bom," murmurou ela.

Não conseguiu comprar todo o conjunto e teve de regressar, desta vez com João ao seu lado.

"Os Vasconcelos cuidarão de ti, são pessoas muito respeitáveis."

Ele sabe exatamente o que a mãe está a pensar: ela não o quer e ela não é a única com esse sentimento.

Os Vasconcelos são pessoas desconhecidas, pertencem a um filme que nunca viu, mas qualquer coisa no mundo é melhor do que estar a navegar em águas turvas.

João ama a mãe, ou melhor, a criança ama a ideia de mãe. Sonha com ela todas as noites, sempre com uma mãe perfeita. Fora dos seus sonhos, teme-a e obedece a todas as suas vontades.

Quando nasceu, ela preocupou-se pouco com ele. O bebé era a prova viva da ausência do marido, mas era um rapaz, o que este mais desejava no mundo. No dia em que se casaram, o oficial da marinha deixou-a para partir em comissões no ultramar. Primeiro, ficou sem filhos e, depois, após cada visita a casa, um, dois, três, João é o terceiro, e mais seis antes de a família se mudar para África.

É tudo uma questão de dinheiro: os destacamentos no estrangeiro pagam melhor e ninguém na marinha tem mais missões fora do país do que o marido de Dona Isabel.

"Dezassete, dezoito com Angola," diz, mas para ela as viagens deste homem, marido, pai e oficial da marinha pagam o carro, as contas da casa, a hipoteca de uma casa com cinco quartos com mais dois quartos extra no sótão, destinados às empregadas, por enquanto só uma, e comida para dez pessoas.

"Não é suficiente. Sinto-me só!"

E não é tudo, ela tem de obedecer a tudo o que o marido quer e faz tudo o que ele quer e muito mais quando ele regressa de uma missão em terras longínquas. Ela conta-lhe todos os pormenores do que se passou em casa durante os meses da ausência dele, principalmente comportamentos, e

João é o seu assunto preferido, destruindo todos os sonhos de homem que ele teve um dia para o primeiro rapaz da família.

Dona Isabel tem 36 anos e está novamente grávida. O seu nono filho nascerá em dezembro. O marido quer que a família se mude para África antes do bebé nascer, mas ela não quer e disse-lhe claramente, a todos os que a pudessem ouvir, "Não quero um bebé negro!"

***

Caminhar rapidamente ao longo dos passeios estreitos e movimentados do centro histórico de Lisboa Pombalina, rodeado de lojas ricas e elegantes sem destino aparente, era demasiado cansativo para João.

A Dona Isabel controla o ritmo da caminhada e o rapaz, sabendo disso, desafiou-a muitas vezes a andar mais devagar, até mesmo a parar, mas ela apenas puxa a mão da criança para a manter a andar, de modo a poder olhar para as montras e vociferar, "Quem é que pode pagar estes preços? Estão a gastar todo o meu dinheiro em vão. Tudo isto por causa dos teus péssimos resultados e, mesmo assim, passaste! Quem diria? E isso é um milagre, para o bem e para o mal, pelos meus pecados, mas o Colégio Militar exige demasiado."

A longa caminhada chega ao fim. A mãe e o filho estão perto da entrada do parque de estacionamento, uma grande praça junto ao rio. Não é longe, mas têm de passar por baixo do arco que une dois edifícios muito antigos e cobre a rua por completo.

É uma coisa boa. Ele sonhava com a foz larga do rio, que agora não estava longe. A mãe obrigara-o a ir às compras com ela, dizendo, "É tudo para ti, nada para mim!"

João terá de esperar pelo menos mais dez minutos para ver barcos e navios a balançar nas ondas, ou, se tiver sorte, uma fragata vinda da Índia ou da China, ou, melhor ainda, um submarino esquivo.

João está distraído e com calor. É demasiado tarde para sair do devaneio, por isso tenta concentrar-se no que ela está a dizer, caso contrário, corre o risco de levar uma sova mais forte do que os habituais.

"O terramoto, o fogo, o Marquês construiu estas ruas..."
João ouve-a dizer.

Dona Isabel sacode novamente o corpo da criança e diz, "Larga a minha saia, está a escorregar, deixa-me andar livremente." Depois, fazendo uma pausa para respirar, acrescenta, "Sempre agarrado às minhas saias, que tipo de homem és tu?"

O rapaz larga a mão dela, libertando a saia, e sai a trote atrás dela, já não obedecendo às suas regras. João fica aterrorizado, esperando ser espancado, recordando-se das constantes afirmações da mãe, "Um homem a sério oferece à senhora o interior do passeio, e os homens existem para servir e proteger as mulheres."

Com a mãe a sacudi-lo, os seus passos tornam-se pesados. Prefere correr, pois sente-se mais livre quando corre, cada vez mais usando as pontas dos pés, ou os dedos, em vez dos calcanhares. Não anda bem, as pernas cresceram demasiado depressa e os joelhos estão demasiado juntos, querendo ir para todo o lado, para dentro e para fora. Tropeça muitas vezes em si próprio, com um joelho a chocar com o outro. Tudo passa quando começa a correr. As suas botas velhas feitas à mão não ajudam. A bota da direita tem um prego cru e espinhoso que lhe magoa um dos pés. Ele não pode dizer nada, porque ela odeia que lhe toquem nisso. Queixou-se antes de dores e foi espancado duas vezes. A única solução é recusar-se a calçar as botas e deixar que ela ou a criada verifique a sola interior para confirmar se há alguma anomalia.

O prego não o incomoda tanto como as dores. De repente, o horror habitual que o acompanha desde a infância regressa na altura errada e domina-o. Não por causa do prego, mas por causa da dor de estômago. João não conhecia a palavra "espasmos," mas nesses momentos tinha espasmos de dor que o faziam contorcer-se incontrolavelmente.

O rapaz atira-se para o chão, segura o estômago e faz a única coisa que sabia fazer, apertar a barriga com desespero para sentir ainda mais dores, mas diferentes, são dores contra dores, e grita, na esperança de que os espasmos se tornassem assim mais atenuados.

O grito agudo e inesperado e o corpo de uma criança a bloquear um dos passeios mais movimentados e estreitos da zona assustam os transeuntes. Várias pessoas agacham-se para ajudar o João, mas sem êxito: os seus gritos tornam-se mais altos e o rapaz não consegue olhar para elas nem falar. A Dona Isabel ouve a agitação e olha para trás para ver as pessoas a reunir-se à volta de alguém no passeio e nota que João não está com ela e grita:

"João?"

O rapaz não está em lado nenhum e ela volta a chamá-lo, "João, onde estás?"

A Dona Isabel vira-se, pede às pessoas para lhe darem lugar, vê o rapaz no passeio e diz-lhe friamente, como se nada tivesse acontecido, "Estás aí no chão sujo, não tens vergonha? O que estás a fazer aí? Levanta-te!"

Ninguém presta atenção aos carros que passam perto do seu corpo retorcido. A cabeça de João bate nos joelhos sem parar e os seus dedos continuam a afundar-se brutalmente no estômago, infligindo dor a si próprio na tentativa de acalmar as convulsões que o dominam.

A Dona Isabel mostra-se zangada.

"Levanta-te. O que estás a fazer no chão, a sujar a roupa? Porque não tomaste o teu comprimido antes de vires?"

As pessoas olham para ela, algumas com expressões vazias, outras com carrancas. Ela cede e levanta a voz para sossegar os indesejados, "Vá lá, deixa-me ajudar-te."

João recusa a ajuda, levanta-se e sai a cambalear, a sua palidez mostra o quão doente se sente. O público quer respostas, mas ele já está a ser arrastado.

"Eu disse-te para tomares o teu comprimido, que esquecimento!"

"Mas mãe, eu tomei um."

"Mas... Mas... mais um mas, mais uma desculpa, mais um mais a tornar a minha vida miserável. É o que tu fazes. É sempre mais do mesmo!"

Ela interrompe-se para arrumar o cabelo e murmura em voz baixa, "Miserável!"

A dor excruciante de João remonta a anos atrás, quando ele tinha quatro anos e o Dr. Farmhouse disse à Dona Isabel, "O seu filho tem colite nervosa."

"Ele está muito nervoso e eu não sei o que fazer."

A partir desse dia, João teve de andar com analgésicos no bolso, como se as dores fossem culpa sua. "Não mais do que três por dia!" tinha-lhe dito o médico de família.

"Vem cá, limpa a tua roupa, está suja, pareces um mendigo."

A criança faz o que pode para se limpar, mas a cada passo que dá, dobra-se de dor. Só o medo o faz continuar a caminhar, atravessando o arco, a rua com as linhas do elétrico e o longo espaço quase vazio até onde a mãe lhe diz para parar. Ela abre a porta da frente do carro e destranca a porta de trás. A criança senta-se, engole um comprimido sem água e espera que a mãe manobre o carro para fora da praça.

João mergulha no seu passatempo preferido: observar navios e barcos. Faz deles os objetos flutuantes dos seus devaneios, imaginando sempre aventuras em terras longínquas, muitas vezes como ajudante do seu amigo Faísca, que não via há muito tempo, mas cuja presença era mais do que real para ele.

"Faísca, estou contigo em África, na Índia, até na China," mas a dor torna-o obcecado pelos seus atos e faz com que se sinta mentalmente diminuído pela acusação preferida de Dona Isabel, "És impossível! Ninguém no mundo é tão mau como tu."

Ele gostava quando a mãe conduzia o carro, porque não havia muito que ela lhe pudesse fazer.

O Primeiro Dia

Começa o novo ano letivo. O dia da abertura na escola militar parece não ter fim. Nos portões do antigo edifício, as mães despedem-se dos filhos. Não os voltarão a ver durante uma semana. Algumas gritam um último adeus, mas a maioria chora.

As crianças atravessam os portões de ferro. A maioria deixa um último beijo ou uma lágrima de consolação para recordar nos dias difíceis. Têm uma semana para se tornarem rapazes militarizados, para encontrarem camaradagem e orgulho na invisibilidade. Ninguém será conhecido pelo nome, mas apenas pelo número. Hoje é o seu último dia como meninos da mamã. A partir de agora, será um por todos e todos por um.

João dorme bem. Finalmente, está livre da sua casa. Ultimamente, a televisão não tem aliviado a sua ansiedade, pois ele identifica-se mais com o que está dentro da caixa do que com o que está de fora.

A indução começa. É tudo uma questão de ordem e disciplina. Há um número infindável de exercícios militares: marchar, parar, virar à esquerda, virar à direita, alinhar, marchar, parar, imobilizar-se sem mexer os olhos nem pestanejar, ou manter o olhar fixo no infinito. Não falar, marchar, lavar as mãos, marchar, tomar o pequeno-almoço, marchar, almoçar, marchar, jantar, marchar, formar, deitar.

Ninguém consegue saltar da cama antes da campainha tocar, mas muitas crianças aprenderam a aproveitar ao máximo esses cinco minutos antes de marcharem para o pequeno-almoço. Lavam o rosto, escovam os dentes, vestem-se, sacodem e dobram perfeitamente a roupa de cama e os cobertores.

Depois do pequeno-almoço, formam no grande salão da Companhia, seguido de mais marchas e exercícios. Por vezes, sob o olhar atento de verdadeiros oficiais da Academia, visivelmente emocionados, marcham para o campo de futebol principal. Alguns destes oficiais têm filhos na parada, mas é raro vê-los. Os rapazes levam os exercícios muito a sério e, para tornar tudo impessoal, mas digno, mantêm os olhos fixos naquele ponto ilusório e invisível algures no horizonte.

João já não é o João, nos próximos sete anos, será um número.

"422."

"Sim, senhor."

João repete o número várias vezes. Ele gosta dele. Ninguém sabe o nome dos colegas, nem de onde vêm, se são filhos de ricos ou de pobres, de altas patentes ou não, um tenente esquecido, um oficial que agora é político ou um general livreiro.

O uniforme é igual para todos, tal como a comida, e o horário rígido reduz todos a uma forma de ser comum e humilde. Não há exceções, não há televisão, não há distrações, apenas marcham juntos. Durante a semana, não há mundo exterior.

João compara-o com a convivência com os Afonsos, os seus vizinhos mais velhos, o Carlos e o Quinzé, ambos também alunos do Colégio Militar ali. No entanto, ele gosta da invisibilidade.

Ao descobrir o mundo de estar só entre muitos, a criança tem dificuldade em navegar no novo sistema. Não compreende as hierarquias militares, como é que um rapaz mais velho comanda o batalhão, outros as quatro companhias e muitos outros os quatro pelotões por companhia. Muitos são apenas um bando de adolescentes desgarrados que têm autoridade, mas nenhuma função específica.

O 4-2-2 é atribuído ao terceiro pelotão da primeira companhia. Os números são normalmente pronunciados um a um, mas o de João soa melhor como 4-22, e é assim que ele é identificado. O rapaz faz da sua invisibilidade uma forma de arte, evitando todo o contacto visual.

Ele é alto. Os pelotões são organizados por alturas, de baixo para cima. O seu lugar nas três filas do pelotão é o último da terceira fila. A sua invisibilidade é agora visível, não porque ele a tenha escolhido, mas porque os graduados do pelotão gostam de ver os alunos que se tentam ocultar.

O colégio militar tem cerca de quinhentos e oitenta alunos e o João acredita que são muitos mais, pois um novo aluno de África, chegado tardiamente, é o 602, pronunciado tal como um número deve ser. O novo rapaz tem peso a mais, possivelmente o dobro de qualquer outro, o que constitui uma exceção numa escola onde o excesso de peso é motivo suficiente para a admissão ser recusada. Ele veio de Moçambique e no dia seguinte, o filho de um oficial destacado naquela colonia deu-lhe a alcunha de Gungunhana.

O pelotão de João mantém-se rigidamente à esquerda do centro da grande sala. O jovem recruta evita o contacto visual com o comandante do pelotão e com os outros três ou quatro adolescentes mais velhos que protegem a sua posição. João observa-os de relance, todos com dragonas de patente inferior, apesar de se irem graduar no final do ano.

O grande salão ramifica-se em dois dormitórios paralelos separados, cada um com sessenta camas. Entre o salão e os dormitórios há casas de banho modernas e lavabos.

É dia de duche. A companhia marcha, os duches não estão longe. Este é o primeiro duche de João. À entrada, as senhoras entregam-lhe uma toalha e um sabonete. Ele pega nas toalhas e segue os outros rapazes. A cabina de duche é pequena e ele aprende a lavar o corpo com um pedaço de sabão e água que cai de cima.

A criança termina o duche e seca o corpo. Um rapaz passa à sua frente com uma toalha pendurada no pénis. É engraçado, João nunca tinha visto nada assim antes, e faz o mesmo, pendurando a toalha no pénis. Ambos se riem com a novidade.

Os dois rapazes caminham pelo corredor, entre os chuveiros. Os rapazes mais velhos vêem-nos, riem-se e saem para os provocar. Um deles diz, "Ei, as senhoras querem ver como é que vocês penduram as toalhas. Vão e mostra-lhes."

Todos se riem e os dois rapazes, encorajados pela aprovação, regressam à entrada e mostram os seus dotes às senhoras que estavam a distribuir as toalhas. As mulheres adultas também se riem. Os rapazes também se riem e regressam aos seus pequenos quartos, vestem-se e marcham de volta para a Companhia.

"Foi divertido," diz João ao seu novo amigo, o 421.

Mais tarde, um colega diz a João para não fazer aquilo à frente das senhoras.

"Porque não?"

"Porque é proibido."

"Estás a brincar?"

"Não, então não voltes a fazê-lo."

João não compreende a razão de tal proibição e não pensa mais nisso, mas, na segunda vez que toma banho, guarda o segredo para si.

A cama de João é uma das melhores e está feita de acordo com as regras. O lençol de baixo está perfeitamente estendido e nunca se enruga. Depois de uma noite de sono, ele rearranja a almofada até esta voltar à sua forma retangular original. A distância entre a almofada e a cabeceira da cama é exatamente a mesma todos os dias. O lençol branco de cima e o cobertor que o cobrem à noite estão perfeitamente dobrados, como mandam as regras.

O seu guarda-roupa pessoal também está arrumado.

Ele acredita que o facto de realizar todas as tarefas com a máxima perfeição o tornará ainda mais invisível. De facto, nunca nenhum graduado anotou o seu número por uma infração na cama ou na roupa. João, o número 4-22, não tem consciência de que é apenas uma das muitas peças bem oleadas que compõem uma estrutura escolar perfeita.

"Sou verdadeiramente invisível, como sempre sonhei."

"4-22, que disparate, eles comem-te os intestinos se não tiveres cuidado," diz um dos gémeos. Um dos gémeos está à sua direita, mas à sua esquerda, entre João e o segundo gémeo, está outro rapaz, o 4-21.

O Rata - As Dores e o Dicionário

É quarta-feira. João passou a manhã a tratar das filas de espera e dos pedidos para as aulas que começarão na próxima semana. O currículo é exigente, com disciplinas das quais ele nunca ouviu falar. A botânica, por exemplo, tem um compêndio com mais de duzentas páginas. Outros livros têm o mesmo tamanho ou são maiores. Não estava à espera de um livro de história, mas lá estava ele, muito grosso e pronto a capturar a atenção das crianças com a história clássica europeia.

Como se isso não bastasse para uma criança de dez anos, há também livros de matemática, geometria, zoologia, arte, textos e gramáticas de francês e da sua própria língua. Por fim, os alunos são informados sobre onde e como podem obter bolas e equipamento para praticar desporto durante a tarde. ᵛ

Durante o intervalo da tarde, antes do jantar, João afasta-se da sala comum onde a maioria dos rapazes está a conversar ou a brincar. Ele procura um local isolado e encontra um bosque de árvores que cobre uma piscina de remo negligenciada e, do lado esquerdo, campos de basquetebol não utilizados.

O campo de treinos está ali para produzir campeões de remo ou de basquetebol. A atenção da criança é atraída para os campos. Já tinha visto jogos de basquetebol na televisão, mas eram em recintos fechados.

"Ei, Rata, qual é o teu número?" ouve uma voz a interrompê-lo.

João ignora o rapaz mais velho que está sentado no seu banco e volta a sua atenção para as piscinas de remo.

O jovem de dezassete anos sentado ao seu lado é um graduado, mas não é do seu pelotão, pelo que João continua a ignorá-lo.

"Qual é o teu número?" pergunta o rapaz mais velho.

Nunca ninguém lhe tinha chamado Rata. João ouviu dizer que "Rata" é o nome genérico dado aos novos alunos, mas não é um nome bonito e ele sente-se desconfortável. Para João, este graduado está no sítio errado.

João afasta-se, pronto a fugir.

"Ei! Fica aqui... estou a falar contigo. A voz do graduado não é agressiva; pelo contrário, ri-se com diversão.

"Não tenhas medo, vim aqui com ordens para te ajudar," diz, sorrindo.

"Não tenho."

"Ei, eu pedi-te o teu número?"

João olha finalmente para o jovem com a patente nas dragonas.

"4-22"

"Difícil, não é?"

"Não és meu graduado."

"Tens de obedecer a todos os graduados da escola, não apenas aos do teu pelotão e companhia."

"Tenho?"

"Eu disse-o."

"Oh."

A invisibilidade e liberdade recém-descobertas de João morrem nesse momento.

"Bom dia, Rata."

Silêncio, João não responde.

"Eu disse bom dia."

"Boa tarde."

"És estranho, como é que chegaste aqui? Numa mula?"

Silêncio novamente.

"Jovem, estou aqui para te ajudar."

"Ajudar-me?"

"Tenho ordens para te ajudar. Tens de pedir o que precisas ao teu tenente."

"Tenente?"

"Ele é um oficial militar e, com todo o respeito, trata dos assuntos administrativos da companhia. Papéis."

Finalmente, João fica a saber que um adulto a sério é o responsável pela companhia.

"Ah."

"Ele não faz mais nada senão cuidar das nossas necessidades. Já fizeste as tuas encomendas?"

"Encomendas?"

"Encomendas... requisições. Já requisitaste graxa para os teus sapatos?"

"Não."

"Tens de o fazer. Eu disse que te ajudava."

"Oh, obrigado."

O graduado tira uma caderneta de requisições dum bolso e entrega-a ao 4-22.

"Preencha os teus dados, número, companhia, etc."

"Preencher?"

"Escreva o teu número e o da tua companhia aqui e aqui."

João escreve o seu nome e o número da companhia.

"Vamos ver o que precisas... Falámos de pó de polir para os sapatos."

João olha para o adolescente, que está a sorrir.

"Tens ou não tens?"

"Não."

"Escreve a marca, qual é que preferes?"

"Uh..."

"Eu ajudo-te, escreve... estás pronto?"

"Sim."

"Pó *Engraxante* Sagrada-de-Merda... Quantidade #2."

"Como se escreve?"

"Escreve, escreve, em maiúsculas."

João escreve.

"E para o teu cinto e botas de couro... não usas polimento?"

"Engraxar outra vez?"

"Não, escreve em maiúsculas outra vez... Extrato de rata para couro de cu... Quantidade #69."

João escreve.

"E os insetos na tua cama? Não podes ter insetos na cama. Eles mordem-te e põem-te doente."

"Ah, eu não sabia disso."

"Pulverizador de broches para insetos... Quantidade #4"

João escreve.

"Agora tens de assinar a requisição."

O rapaz assina.

"Muito bem, muito bem... Vês como é fácil encomendar coisas."

"Requisitar?"

"Agora já sabes!"

João olha para o sorriso largo do rapaz mais velho e relaxa.

"Vai ao gabinete do Tenente e pede estes artigos."

"Tá bem."

"Vês, precisavas da minha ajuda. É a porta à esquerda, antes de entrares na sala grande."

"Nunca lá vi ninguém."

"Vai, corre, não o deixes esperar, ele vai ficar zangado."

O rapaz obedece e corre o mais depressa que pode. A uma distância segura, o jovem rata olha para trás para ver se o graduado ainda o está a observar. Não, ele tinha-se levantado e caminhava em direção ao recinto da escola. João para e caminha lentamente, entra no edifício, sobe as escadas largas para o primeiro andar, atravessa o portal, olha para a porta da esquerda com o nome do tenente, dá mais alguns passos e atira a ordem para um cesto de papéis.

"4-22, olá."

É o 4-21 que não o viu deitar a ordem no caixote do lixo.

"Estes graduados estão sempre a enganar-nos com requisições, tem cuidado."

"Oh."

"Querem que escrevamos palavrões."

"Ah."

"Fui ao gabinete do tenente."

"E?"

"Ele foi simpático. Riu-se, mas explicou que hoje era um dia especial em que os graduados podiam enganar-nos. Fizeste?"

"Não."

"Tens sorte."

"O que é que ele perguntou?"

"O tenente?"

"Não, o graduado."

"Palavras parvas... Eu não conhecia nenhuma delas."

"Oh."

Com dez anos de idade, criado num ambiente rigoroso e num bairro homogéneo, João, como a maioria das crianças, nunca tinha sido exposto a um único palavrão. Também não fazia ideia de nada que tivesse a ver com os seus corpos, género, sexo ou relações.

À noite, quando os rapazes falam do dia e das ordens, lembra-se de que alguns alunos mais velhos o obrigaram, uma vez na escola, a fazer uma simulação de voo com o dedo médio comprido estendido e um lápis colocado transversalmente entre os dois dedos, um em cada lado.

Em breve aprenderá o significado de um dedo espetado.

**

As aulas acumulam-se rapidamente e os trabalhos de casa são feitos em salas grandes, longe da sala de aula.

João faz o que pode, mas o stress não o está a ajudar. As dores aumentaram depois de um rapaz o ter atirado ao chão, partindo o frasco de vidro de analgésicos que tinha no bolso. João não pediu mais medicamentos que lhe aliviavam as dores durante algum tempo, mas não durante todo o dia. A dor apoderou-se do seu corpo e da sua mente. Não consegue concentrar-se e o silêncio na sala de estudos aumenta a dor. João está exausto, não descansa, não dorme. Já não consegue relacionar-se com os seus amigos e colegas.

A sobrevivência é o que importa e os truques que usava antes para aliviar a dor excruciante não funcionam neste universo regrado. Já não pode inventar ou criar, ler até ficar cansado, ou ver os seus programas de televisão favoritos. Até bater nos irmãos o ajudava. O pior de tudo é que já não pode fazer os trabalhos de casa como antes, sozinho e concentrado. O lado positivo é que os irmãos já não gozam com ele e a Dona Isabel é uma vaga recordação. Ele tem de fazer alguma coisa em relação à sua dor, é a sua dor.

Uma noite, pega num dicionário de português muito pesado com uma capa e contracapa muito dura e coloca-o na barriga. Com cuidado, ajeita-o e pressiona-o contra a borda da carteira o mais que pode. A dor contra a dor acaba por aliviar a agonia. É assim que vai estudar durante os próximos dois anos.

Não é suficiente, tem de fazer melhor. A sua falta de concentração faz com que um professor o mude para uma carteira mais à frente. A mudança de horário perturba os outros professores e João é chamado a falar com o diretor da escola pela primeira vez.

"Porque não te comportas? Porque não estás a estudar? Vais estudar mais ou não?"

"Vou estudar mais."

João está desesperado. Sabe bem que o dicionário é uma panaceia, mas é claro que não é suficiente para o ajudar. Descobre que há jogos de berlindes praticados por rapazes mais velhos, normalmente durante o longo intervalo entre as aulas da manhã.

João observa-os dia após dia e está confiante do seu poder e habilidade. As regras que os jogadores usam são quase as mesmas que ele conhece, a única diferença é a palma da mão estendida para atirar o berlinde, por vezes duplicando o espaço antes de dispara o berlinde.

"Ei, rapaz, queres jogar?"

João nunca negligenciou o seu berlinde Nuvem de confiança que está no seu bolso há semanas à espera do convite. Convidado, joga com o maior cuidado e as suas capacidades regressam rapidamente. Em breve, volta a ser um dos melhores jogadores. Desta vez, João não precisa de jogar mal para manter outros rapazes a disputar o jogo. Os alunos mais velhos são competitivos e muitas vezes ganham por mérito próprio.

O grupo dos berlindes joga num pedaço de terra fora do pavilhão de artes, junto a um grande portão de chapa de metal acabado de ser pintado. Infelizmente, este foi o azar do 293, um colega que atirou uma pedra contra o portão, acabando por levar mais tarde oficialmente muitos murros ou chapadas por mais de quinze graduados do batalhão, em frente da companhia formada em sentido.

O terreno à volta do portão é raramente utilizado e os três buracos, separados por quase dois metros em linha reta, tornam-se uma caraterística permanente.

Jogar berlindes torna as manhãs de João suportáveis.

Pedro Abecassis - A Enfia

João encontra uma nova distração para as suas dores: praticar basquetebol. Faz isso sozinho, pois na altura ninguém se interessa por este desporto. Para ele, sem mais ninguém para o distrair, distrai-se a marcar cestos. Mais tarde, o 360 junta-se a ele no campo de basquetebol, mas João não permanece no Colégio Militar por muito mais tempo.

João treina sozinho durante meses, ultimamente a jogar contra si mesmo, lançando a bola cada vez mais de longe. Agora, atira a bola do meio do campo sem tocar nos aros, mas os seus melhores resultados são obtidos a partir das linhas laterais centrais.

A bola de basquetebol que João usa é mais pequena do que a usada pelos adultos, mas não deixa de impressionar Pedro Abecassis, um graduado do Colégio Militar. Além disso, Pedro é seu vizinho, pois vive no lado esquerdo da Vivenda, na rua da rainha ou Rua São Francisco Xavier.

O adolescente é sete anos mais velho do que João. Os pais Abecassis nunca permitiram que os seus doze filhos brincassem na rua ou convivessem com vizinhos. João reconhece-o. Todos os alunos, trabalhadores e militares profissionais do internato são obrigados a conhecê-lo. Nenhum graduado tem dragonas como as dele, pois ele é o comandante do batalhão dos alunos do colégio.

"Oi, qual é o teu número?"

"4-22."

"Podes atirar a bola outra vez?"

João atira a bola, que faz um arco no ar e entra no cesto sem tocar no aro.

"Bravo, encesta outra vez."

O João repete o lançamento e a bola sobe mais alto, não voltando a tocar no aro.

O rapaz apanha a bola e volta para a linha.

"4-22, aposto vinte moedas em como não consegues lançar a bola daqui sem tocar no ferro."

Pedro Abecassis marca um ponto dois metros atrás do centro da linha central e detém-se.

"Aqui mesmo."

"Vou tentar."

João flete as pernas, salta verticalmente e aproveita o impulso para atirar a bola o mais alto possível. A bola faz um arco no ar, desce quase verticalmente e penetra no aro sem tocar no círculo de ferro.

O aluno mais importante da escola não tem o dinheiro consigo e diz, "Pago-te mais tarde."

Pedro Abecassis, o estudante graduado e Comandante do Batalhão do Colégio Militar de Lisboa no começo dos anos sessentas, nunca pagou a aposta.

***

Essa segunda-feira não trouxe apenas más notícias: foi o dia em que nasceu o nono bebé de Dona Isabel e o seu sexto rapaz.

João soube do bebé quando chegou a casa no fim de semana e foi imediatamente informado de que a família estava agora livre para viajar para África antes do Natal.

"Os Vasconcelos acolher-te-ão."

"Oh, finalmente," diz João, aliviado.

Dona Isabel, enquanto amamentava o bebé, ouviu o comentário de João e começou a chorar.

O tempo passa e João encontra um novo alento desde que passa os fins de semana com os Vasconcelos. O desporto e a instrução militar ajudam-no a esquecer as dores.

A instrução militar é feita com espingardas verdadeiras, que não eram usadas desde a Primeira Guerra Mundial. O instrutor é um oficial de verdade, um tenente do exército. Por vezes, tem um sargento a acompanhá-lo, que desenha triangulações num papel para descobrir aquele aluno que aponta os mais pequenos triângulos à volta da mosca, o alvo para fazer pontaria sem disparar. No entanto, nem todas as aulas se resumem a armas, pontaria e exercícios de mira.

A instrução de hoje consiste em aprender a bailar com uma arma numa atividade de treino com o pelotão.

O terceiro pelotão executa os comandos de treino sob as ordens do tenente. Os rapazes respondem bem e o exercício prossegue, cada vez mais rápido e mais preciso.

O oficial diz a um cadete para dar um passo em frente. Pouco depois, ordena a João que dê um passo em frente, depois mais um e, por fim, um terceiro, sendo que mais ninguém deu mais do que um. O oficial anota os nomes dos que deram passos em frente, o que preocupa João.

"Meus senhores, estamos quase em março, estarão prontos nessa altura."

A disciplina é então chamada pelos alunos de "Enfia," que consiste num conjunto de atividades e conhecimentos militares.

No final do período, João obteve as melhores notas de todos os alunos em Enfia.

Os Vasconcelos - O Iate Sírius - O Dia da Marinha

A nova família de João é tudo o que ele imaginava que o paraíso poderia ser. Tem um quarto só para ele, maior do que o que tinha em casa da Dona Isabel, e os pais, Henrique e Beatriz, são perfeitos.

João tem dificuldade em adaptar-se. As suas dores, a sua espantosa timidez, o facto de não confiar em ninguém e a sua extrema falta de confiança tornaram-no um ser humano antissocial.

Na semana anterior ao Natal, o rapaz recebe um ato de amor incondicional e infinito, mas rejeita-o, não reconhecendo os sentimentos fortes que lhe foram dedicados.

No entanto, tem uma noção de justiça e igualdade e, quando o João, o menino mais novo e seu homónimo, faz uma birra e discute os desenhos que os dois fizeram, D.ª Beatriz chama o filho, "O desenho do João é o melhor, ele é mais velho do que tu e tenho a certeza de que vais aprender a fazer um desenho melhor quando chegares à idade dele."

João, sem saber o que é o amor, admira o casal. Os Afonsos já eram o seu modelo, mas, a partir desse dia, o casal Vasconcelos torna-se a única referência de que precisará para sempre.

João esqueceu-se de que uma relação é feita por duas pessoas e de que, no passado, sempre tentou obrigar os irmãos a fazer o que ele queria.

João sente-se seguro com a nova família, encontra alguma leveza nas suas dores e progride mais depressa do que a maioria dos professores esperava, embora continue a resistir a aprender francês.

Continua a bloquear-se em qualquer situação, social ou escolar, quando tem de se exprimir, mas, surpreendentemente, consegue uma boa nota num ensaio na sua própria língua, a única em toda a sua vida.

Para o jovem, foi uma experiência que não queria reproduzir, não podia fazê-lo, era como se estivesse a mentir.

As pressões e as dores corporais internas extremas que dominam toda a sua atividade diária tornam João permanentemente distraído, com um impacto negativo na sua vida. Quando lhe fazem uma pergunta, raramente responde, pois não está concentrado.

**

O Comandante Vasconcelos é um marinheiro que ensina pessoas civis a navegar, seguindo marcas na costa ao longo da foz do rio Tejo. O barco que utiliza para as aulas é o iate Sírius, [vi] um antigo iate real.

O Comandante Henrique convida João a acompanhá-lo numa das suas aulas. O rapaz fica hipnotizado ao observar o barco à vela a cortar as ondas, parecendo deslizar sobre as águas sem qualquer esforço, o que contrasta com o barulho dos motores dos outros barcos.

Observa o Comandante Henrique a ensinar triangulação e a identificar marcas costeiras com recurso a mapas. Navegam até ao Estoril e, no regresso, o barco passa em frente ao monumento que celebra Henrique, filho da rainha Filipa de Lancastre.

De volta à escola, João participa em todas as atividades que o ajudam a aliviar as dores. Espera ansiosamente para ver filmes que ensinam técnicas de atletismo ou que mostram factos militares. O último era sobre a utilização manipuladora da propaganda ou filmes de entretenimento que metade do batalhão vê em conjunto. Gostou do atrevido filme Onze dos Oceanos, embora não tenha compreendido bem as peripécias do grupo. Ficou perplexo com o filme Fanny Hill, que talvez não fosse o seu verdadeiro título, mas era o nome pelo qual um rapaz mais velho se referiu ao filme. O filme foi interrompido durante algumas cenas sugestivas de quase nudez e lutas corporais e as crianças foram mandadas de volta para os dormitórios, mas João não concordou com a interrupção, pois não havia mortes, tortura, miséria, crianças abandonadas ou qualquer coisa ligada à degradação humana.

Finalmente, depois de uma semana sem escrever por causa do monstrinho 283 que lhe cortou o pulso direito profundamente ao atirá-lo contra um vidro da porta dos urinais do segundo dormitório, João agarra a caneta com a mão direita e está ansioso por retomar os estudos. Lembrando-se da muita raiva que teve do hospital e do medico pouco profissional a dar mais importância a uma visita do que à sua mão, agora, sem qualquer problema, os pontos no pulso direito são retirados uma semana após o *crime*, mas os pensos permanecem mais tempo como medida preventiva.

O fim do ano letivo aumenta a pressão para terminar tudo corretamente. Agora é mais um esforço pessoal, enquanto as eternas marchas militares para criar invisibilidade são apenas um intervalo na sua vida.

Nos dormitórios, correm rumores, "Vai haver uma grande luta."

Ninguém explica o que será o grande combate e, mesmo Henrique, o 415, o irmão mais velho de Pedro, o 367, não quer falar nisso.

"Vamos a isso, faz parte do crescimento."

Os dois rapazes têm muito mais em que pensar do que no GRANDE COMBATE.

***

"Amanhã é o Dia da Marinha. Depois da missa, haverá uma celebração no claustro do Mosteiro dos Jerónimos. O João vai substituir o pai. O Henrique e o Pedro virão connosco. A má notícia é que terão de vir fardados," disse o Comandante Vasconcelos aos rapazes militarizados.

Após a missa, os mais novos foram para casa, enquanto o casal e os três cadetes entraram no claustro. Ao longo das balaustradas, havia mesas compridas com jarros de limonada fresca, pratos de sandes, biscoitos e rebuçados espalhados ao acaso.

A família dirige-se para o fim do terceiro e último claustro que não tem portas nem escapatória. A mesa dos oficiais é a última de uma serie ao longo dos três claustros e, ao contrário das outras, está repleta de bolos requintados, cremes, pudins, vinhos, outras bebidas e todo o tipo de iguarias trazidas de casa pelas mulheres dos oficiais da Marinha presentes.

A mesa dos oficiais está escondida por uma grande treliça com uma decoração de plantas entrelaçadas, mais parecida com a que se usa numa festa de Natal. As outras plantas são decorativas.

As mesas que tinham deixado para trás eram para os marinheiros e suas mulheres, que, ao contrário das mulheres dos oficiais, não competem entre si com a sua arte culinária. Elas não trouxeram comida nem bebida. A igreja tinha procurado a boa vontade da comunidade, mas as poucas mulheres que ajudaram não tinham trazido o suficiente para saciar o número grande de pessoas presentes com uma colossal fome de oportunidade, pensou João.

Começaram as formalidades e os marinheiros tiveram de esperar pelo fim dos longos discursos do Almirante e do Bispo.

O Almirante levantou a voz para lhes recordar a bravura dos navegadores e geógrafos do passado, que cartografaram dois terços do globo terrestre para o mundo ocidental durante mais de cem anos, antes de as culturas europeias mais coesas e com maior poder de fogo tomarem o controlo do mapa mundial.

O Almirante da Marinha olha para a ralé que ocupa a maior parte dos corredores laterais das três colunas. Não há respeito pelo dia, pelos organizadores ou por ele. Nenhum! O Almirante perscruta os oficiais, estes têm a boca fechada e os olhos estão fixos no nada, é um vazio que ele conhece bem, pelo que o Almirante decide abreviar o seu discurso.

"Bispo, oficiais, marinheiros e famílias, obrigado pelos vossos sacrifícios e pela vossa participação."

Os aplausos assinalam o fim do discurso e o início da refeição. Os marinheiros, as mulheres e algumas crianças acotovelam-se para alcançar o que podem. As mesas são limpas em questão de segundos. Não há brigas ou ferimentos que indiquem derramamento de sangue. Não há nada de errado com eles, apenas uma mistura de insultos que apenas os vagabundos e os marinheiros rudes conseguem formular.

A mesa dos oficiais segue as suas próprias regras. Ninguém se atreve a tomar a iniciativa de comer um biscoito ou beber um copo de vinho. A contenção está na ordem do dia: os oficiais dignos e as suas mulheres, com algumas crianças e três alunos do colégio militar, todos esperam que a mulher do almirante retire algo da mesa para dar início à festa. Ela faz questão de que todos apreciem o poder que tem, adiando o mais possível o desejo oculto de tantos por comida.

A mesa está decorada com os mais requintados cremes caseiros, bolos e pão difícil de cozer com vários tipos de enchidos nacionais no interior. Há doces, salgados e iguarias de todo o tipo. É uma mistura emblemática para todos os gostos e apetites, tudo preparado antecipadamente pelas hábeis mãos das esposas dos oficiais.

Todos esperam.

João tem um olho para o bolo mais requintado de todos, um bolo de laranja trémulo, cor e bolo feitos de laranjas verdadeiras.

João aguarda.

As garrafas de vinho, gin e uísque estão cheias. As bebidas não estão seladas, mas a pressão social está, e ninguém se atreve a tomar a iniciativa de as servir.

João nota os apetites dos marinheiros e não segue o autocontrolo final das mulheres dos oficiais ao lado dele. João olha os marinheiros a saltar para a comida e faz o mesmo. Prova uma ou duas iguarias, preferindo as salgadas, e come o máximo que consegue, acompanhado por sumo de laranja fresco. Não há tempo a perder, engole rapidamente e passa à próxima tentação.

O ligeiro zumbido à volta de João dissipa-se num ruído baixo, agora mais estridente e dissonante. Os "oohs" e "aahs" das mães que visitam outras mães nas suas casas para apreciar as surpresas da cozinha delas crescem unificados.

João sente muitos olhares a fitá-lo. Vêm de todas as direções. A pressão aumenta e ele interrompe o movimento do braço. A mão no ar, agora imobilizada, com o polegar e o indicador delicadamente equilibrados no ar segurando cuidadosamente um pastel de camarão de que já consegue sentir o cheiro e o sabor, mantem-se firme por um escasso momento. É demasiado tentador ignorar todo o bom e o gostoso à frente dele, mas os olhos penetrantes das mulheres que estão perto dele multiplicam-se agora por dois, três, quatro e depois por todos os olhos ligeiramente pintados que estão à sua volta.

São todas demasiado críticas, insistentes e reticentes, e a criança volta a pôr o rissol no prato.

Os olhos famintos dos marinheiros e das suas famílias permanecem fixos nas mesas vazias. Queriam ir para casa, mas os oficiais demoravam-se, sem terem sequer tocado ainda na comida altamente requintada e convidativa na mesa deles.

A mulher do almirante atua a sua última cena de resistência. A almiranta tem todo o tempo do mundo. Não há nada que os outros e principalmente as outras possam fazer. Todos sabem que o marido está prestes a reformar-se e a almiranta despreza a mulher do futuro almirante, embora não o demonstre.

Da mesa cheia, onde apenas João deu uma dentada e foi repreendido pelo silêncio de muitos, para as mesas vazias em redor, havia um grupo de quatro mulheres a dirigir-se para a mesa dos oficiais.

João apercebe-se de que algo bem acima do arranjo do dia estava prestes a desflorar, muito mais importante do que a ordem estabelecida no mosteiro desde o fim da missa celebrativa do Dia da Marinha.

As quatro mulheres já tinham varrido os restos da mesa dos marinheiros para dentro de sacos grandes e não se importavam com quem estava na porta ao lado. No entanto, o grupo de quatro interrompeu a sua ofensiva quando se deparou com um obstáculo que ninguém ousara vencer até então: as palmeiras erguidas, com as suas longas folhas presas aos pilares do claustro, e uma espécie de treliça decorada que escondia os bens da mesa, marcando o território dos oficiais.

As quatro mulheres sem mais lugar para onde ir depararam com toda aquela abundância e ninguém a aproveitá-la. Hesitaram. Era evidente que não eram as típicas esposas de marinheiros. Era evidente que se preocupavam muito com os seus maridos, que em casa manifestavam o seu ódio ciumento pelos oficiais.

O que elas estavam preparadas para fazer era pôr à prova as mulheres dos oficiais. É uma situação difícil, porque as mulheres bem vestidas não têm expressões faciais legíveis e a sua linguagem corporal não transmite sentimentos.

Para as predadoras, as mulheres bem vestidas, estatuas do momento, não dizem sim nem não. As mulheres com grandes sacos nem sequer reparam na mulher do almirante e no seu jogo denominado - *Será que a próxima mulher do almirante irá ser mais perversa e mais poderosa do que eu?* As quatro invasoras que se dirigiram à mesa dos oficiais acotovelam-se, tentando encontrar um lugar vantajoso para a sua próxima jogada. Estão a preparar-se para o inevitável ataque e a última mesa, perfeita na decoração e totalmente intocada, é por demais muito convidativa. Finalmente, uma delas aventura-se no espaço pequeno do mundo estrangeiro e hierárquico e atira o corpo dela para cima da mesa, afastando alguns homens bem vestidos, todos de uniformes impecáveis, que, imóveis, protegem ao seu lado os seus manequins solidários de tafetá a quem chamam de esposas, e avança em direção aos repastos.

Sem mais tempo a perder, ela estica a cabeça e o peito e lança os braços e as mãos para a frente. Com um movimento de pinça, apodera-se de bolos inteiros, pudins e muitos pratos de iguarias. Tudo entra para dentro do seu saco sem fundo e sem qualquer hesitação.

Segue-se uma segunda mulher, seguida imediatamente pelas outras duas, zangadas por se terem distraído no momento exato do assalto. Elas precipitam-se pelos lados da mesa, derrubando a mulher do Almirante do seu trono ereto. Uma delas atira João de costas contra a parede e agarra os deliciosos rissóis que ele não pôde provar. Ela tem tempo para esvaziar mais pratos antes de ser empurrada por uma mulher mais forte.

Não resta nada na mesa, nem mesmo o bolo de laranja que João estava a aspirar para terminar a festa. Em vez disso, fecha os olhos e recorda-se do dia em que fugiu da casa de Dona Isabel. Lembra-se das mulheres na rua a gritar com a sua irmã, "Bate-lhe nesse costado, dá-lhe umas na tranca, rapa'iga."

Estas mulheres eram iguais a elas. Mas falavam muito mais rápido, quer com o corpo quer com as mãos.

O associal João não aprendeu nada nesse dia. O primeiro pensamento que lhe ocorreu foi que "As pessoas não são boas," mas não queria trair aqueles de quem gostava, nomeadamente a família Vasconcelos. Ele era um convidado e as regras eram deles.

O Grande Combate

João, alheado de tudo, não tem conhecimento de quaisquer folhas, folhetos ou anúncios a anunciar o grande combate.

"4-22, este é o GRANDE COMBATE," diz um rapaz a correr no corredor central.

Os gémeos e o 421, e tanto quanto ele consegue ver, todos os rapazes do dormitório estão a trabalhar arduamente nos seus lençóis. João fica espantado. Depois do jantar, os graduados informaram os seus pelotões sobre o grande combate. Não ouviu o que o graduado disse. João distraíra-se a pensar na comida que comera ao jantar. Havia arroz na sopa, uma das misturas que ele não suportava. Experimentou uma colherada, mas acabou por a deitar fora, o que era um pecado. Desperdiçar comida era algo que concordava com os padres e Dona Isabel.

O rapaz olha para a sua camarata e fica chocado ao ver que todas as camas, exceto a sua, estão desarrumadas. Não compreende o que se está a passar e o que os seus colegas estão a fazer. Vê que estão a trabalhar aos pares, concentrados em virar e revirar os lençóis.

Um rapaz grita, "Temos de pôr os lençóis de molho."

Todos correm para a casa de banho e regressam com os lençóis molhados. João perguntou finalmente o que se passava e disseram-lhe que os rapazes estavam a preparar as armas para o combate que teria lugar dentro de duas horas.

A maioria dos rapazes está agora a terminar a arma que vão usar no combate. O lençol comprido é esticado com força e torcido em direções opostas, até que vários nós apertados o transformam num cacete de guerra com um comprimento não superior a oitenta centímetros e seis centímetros de diâmetro. Quando molhado, torna-se uma arma perigosa.

Para concluir o trabalho, as duas pontas soltas são firmemente atadas com um atacador. No final, os porretes molhados são rijos e duros como aço. Alguns dos rapazes afirmam que são proibidos, mas ninguém se importa, pois ninguém quer lutar com um pau mole.

Um dos gémeos ajuda João a terminar o dele. Pouco lhe importa se o pau é duro, mole, perigoso ou não. Não faz ideia do que é a GRANDE LUTA, quem vai lutar contra quem, para quê ou por que razão há tanta excitação entre os rapazes.

Um graduado grita, "Estão todos prontos?"

Os rapazes respondem, "SIM."

O graduado olha para eles e grita, "Todos de cuecas, ceroulas ou o que quer que usam, somente, nada mais, e todos descalços. AGORA!"

As crianças antecipam o fim do ano letivo. De peito descoberto, armados com os seus bastões de guerra, descalços, conscientes da limpeza da cabeça, dos braços e das pernas, de cuecas, mais nada sobre os seus corpitos, avançam hesitantes para o grande salão da companhia militar.

Os graduados conduzem o grupo do dormitório número um para um dos lados do longo salão e esperam. Os rapazes do outro dormitório já estão lá e, por hoje, os dois inimigos de longa data são obrigados a unir forças. Se bem que têm os mesmos professores, comem nas mesmas mesas, brincam juntos, desconfiam uns dos outros e a rivalidade não é fictícia.

O 283, que o atirou contra um vidro de uma porta e o feriu gravemente, pertence a este outro dormitório, mas o 367 também lá dorme. Aos fins de semana, Pedro, o 367, o seu irmão Henrique e João vão juntos para a casa Vasconcelos, onde João foi acolhido, mas durante a semana raramente se falam.

São ratas, tudo é novo para eles, e a companhia militar é mais importante do que os dois dormitórios e não há tempo para remoer mágoas do passado. João olha o espetáculo e vê o que não pode ser visto, os 120 rapazes quase nus encostados à parede estão amontoados como se estivessem dentro de um balde como se fossem larvas.

O comandante da companhia de graduados aproxima-se. Tem na mão uma pequena bandeira improvisada atada a um pau comprido e frágil, olha para os rapazes e pergunta-lhes, "Quem quer ser o porta-estandarte?"

Ninguém se oferece e o adolescente escolhe um rapaz. "Vais guardar a bandeira com a tua vida."

O rapaz tem medo e não responde.

"Se caíres, levantas-te, se morreres, a bandeira vai para o próximo que te protege."

Os rapazes percebem que se trata de uma luta de vida e morte.

"Preciso de oito de vós para defender a bandeira. Há voluntários?"

Esmagados e intimidados, não há voluntários. O graduado designa oito rapazes, dos quais João faz parte, "Vão guardar a bandeira com as vossas vidas. Compreendem?"

Os oito rapazes encolhem os ombros e permanecem passivos à volta do porta-bandeira. Não fazem ideia do que lhes espera. Apesar de estarem na mesma companhia, não fazem parte do mesmo pelotão e têm pouco a dizer uns aos outros.

João distrai-se e começa a procurar o buraco na parede causado pelo foguete que fez que ele e um amigo tinham disparado há meses. Encontra o buraco, bem perto do local que recordava na parede, e procura o maior rapaz da companhia, aquele que quase mataram por acidente. O foguetão aceso no topo de um cesto de lixo pequeno de arame no outro lado da companhia cruzara todo o salão a alta velocidade sem tocar em ninguém e passou a poucos centímetros da cabeça do Gungunhana, o último colega a chegar à companhia, que saíra do dormitório e começara a caminhar perto da parede oposta. João olha cuidadosamente à sua volta não querendo sentir-se melindrado por causa do que poderia ter acontecido ao colega, mas não o vê ali no magote de alunos. Num ápice descobre tudo. O 602, o único rapaz gordo de todo o batalhão, o único africano do batalhão, não está com eles.

A 1.ª Companhia está impaciente. Encontram-se num dos lados da sala, mas o outro lado ainda está vazio. Os rapazes perguntam-se o que se passa, o que estão ali a fazer. Quase nus e com armas todas iguais, o momento começa-lhes a pesar.

Um ruído forte vem da segunda companhia, constituída por três pelotões de rapazes do segundo ano e um pelotão de rapazes do terceiro ano. São não só mais velhos e mais altos, mas também muito mais fortes do que os ratas da primeira companhia.

A segunda companhia entra no pavilhão aos gritos. Já dentro, juntam-se, gesticulam, ameaçam e intimidam os rapazes mais novos do outro lado do campo de batalha. O cenário não é novo para os rapazes da 2.ª Companhia, que já viveram exatamente a mesma coisa no ano anterior. Os rapazes mais novos abrem os olhos, horrorizados. Terão de lutar contra os rapazes mais velhos e maiores, que já participaram na batalha do ano anterior. João apercebe-se de que o Henrique, o número 415, que também faz parte da 2.ª Companhia, irá lutar contra o irmão dele.

Os graduados da 1.ª Companhia aproximam-se dos alunos para motivá-los. Os guerreiros magricelas não respondem e, por um momento, os ratas sentem que os graduados que os castigaram fisicamente o ano inteiro estão ali para os apoiar, mas as posturas deles dissipam quaisquer ilusões que tivessem sobre o GRANDE COMBATE.

"Vocês são mais pequenos do que eles. Repito!" um graduado reza. De repente, para de falar e olha em volta. O que vê não é prometedor. O adolescente continua, "Eles são maiores do que vocês. São mais experientes. Para sobreviverem, vocês têm de apoiar-se uns aos outros. Nunca se dispersem, mantenham-se em linha, ombro a ombro, estejam em grupo, usem um grupo contra eles, pois virão individualmente. Eles estão demasiado seguros de si próprios e vocês não estão."

É tarde demais para ouvir qualquer conselho, sobretudo sem treino e sem conhecerem-se. Os porta-bandeiras estão a tremer de medo. Um graduado diz o que mais interessa, "Se tiverem medo, lembrem-se disto. Vocês esquecerão o medo quando começarem a combater."

Os comandantes da 1.ª e da 2.ª companhia tomam o lugar central no meio do salão e ordenam a todos os graduados que se retirem.

"A batalha começa ao meu comando," diz um deles.

Os dois adolescentes voltam para junto das janelas do recinto e olham para os dois lados opostos. Os adversários estão vestidos, ou melhor, despidos, todos da mesma forma, ambos os lados somente de cuecas. É impossível distinguir os amigos dos inimigos. Só o grupo à volta de cada bandeira é identificável.

Cada um dos duzentos e quarenta rapazes nus segura um bastão endurecido pela água. No entanto parecem apreensivos, mais do que assustados, talvez tensos e desprevenidos, mas é provável que estejam assim porque estão conscientes de que vão lutar até à morte.

Os dois comandantes da companhia erguem um braço e, quando a sala fica em silêncio, baixam-no como um machado num tronco de uma árvore seca e gritam.

"LUTEM!"

Os agora inimigos correm em disparada, gritando o mais alto que conseguem, e os golpes começam. A confusão é enorme. A luta já não tem inimigos nem amigos, não interessa quem é quem, é um contra um, independentemente da companhia ou do dormitório de onde vêm.

A segunda companhia tenta pôr em prática algumas táticas. Avançam em pequenos grupos de ação, com o objetivo de isolar os rapazes e capturá-los. Isso enfraqueceria o inimigo, reduzindo o seu número. No entanto, não resulta, pois os rapazes da segunda companhia são mais fortes individualmente e esquecem todas as táticas previamente combinadas. Também tinham falado de estratégias, mas os seus pais tinham ideias a mais, pois havia demasiados pais. No fim, tinham um único plano, "Somos mais fortes, eles perdem!"

É o mais forte contra o mais fraco: é o predador e a presa fácil.

O porta-bandeira e o grupo dos rapazes que o protege são o alvo principal do inimigo. A segunda companhia está pronta e este é o único plano que tem de resultar. Organizaram um grupo de vinte rapazes, os mais velhos e mais fortes, com instruções claras para atacar o outro porta-estandarte e os rapazes que o protegem.

João não consegue ver o perigo que está a enfrentar. É invisível e é assim que ele quer sentir-se e estar. Não é possível, é absolutamente impossível.

O esquadrão especial da segunda companhia arranca rapidamente para alcançar o rapaz que segura o porta-estandarte da primeira companhia. O rapaz é rapidamente dominado pelo inimigo e abriga-se contra a parede, do mesmo lado das janelas. Sem espera, é empurrado violentamente e este corre para junto das janelas. O inimigo rodeia-o e tira-lhe o estandarte. O massacre começa. A última coisa de que João se lembra é do porta-bandeira a cair e da bandeira a ser perdida.

João acorda numa cama à entrada do segundo dormitório, com as cabeças de dois graduados preocupados perto do seu rosto. A cabeça, os ombros, as orelhas e o peito estão profundamente azulados. Uma das muitas pancadas tinha deixado o rapaz inconsciente. João fixa o olhar nos adolescentes e grita em desespero, "Perdemos... perdemos."

No final do ano letivo, as despedidas anunciam o início das férias de verão.

João - O Jack Russel

Henrique e Beatriz planearam as férias de verão a pensar em João, que partiria dentro de um mês para se juntar à família em África. O casal decidiu alugar quatro quartos numa pensão naval perto do forte de São Julião da Barra, que ficava a uma curta distância da casa no Restelo.

Como membro do pessoal do Almirantado, o Comandante Henrique tem acesso às instalações de São Julião, incluindo a piscina. Para a maioria dos casais, seis filhos poderiam representar uma potencial dor de cabeça, mas não para Henrique e Beatriz. Sabem que podem ficar descansados, pois nenhum dos seus filhos se irá comportar mal.

Também tinham observado João cuidadosamente. comparando o que tinham aprendido sobre ele nos últimos sete meses com a informação que lhes tinha sido dada sobre o seu comportamento problemático, incluindo bater nos irmãos e ser demasiado teimoso, a sexta criança surpreendera-os. O casal apercebeu-se de que o comportamento de João não era equilibrado, não por ser mau, mas por não ter amadurecido para a sua idade.

"Henrique, nunca vi o João zangado ou abusivo."

"Beatriz, é um milagre, nunca o vi a ameaçar qualquer um dos nossos filhos."

"Nem sequer uma discussão, por qualquer razão," diz Beatriz.

O casal via João como um rapaz tímido com dificuldades de fala causadas por uma ansiedade extrema, mas que ouvia sempre todos com respeito total. O casal apercebeu-se de que João não compreendia as regras sociais em que a empatia é essencial para manter a harmonia. Perceberam também que João tinha aprendido a viver com medo constante dos adultos, estando sempre à espera de ser agredido por qualquer um deles, mesmo sem razão aparente. Pedir a João para ser um menino mau era pedir-lhe para incitar violência contra si próprio, o que ele nunca faria. Pelo contrário, Henrique e Beatriz repararam que João era extremamente atencioso, sempre pronto a ajudar quem quer que fosse, partilhando até o que tinha.

"Beatriz, o João é um bom rapaz."

"Sim, Henrique, ele é."

***

Após o chá, o grupo de nove crianças saiu da estalagem para explorar a zona. O mais velho dos Vasconcelos tinha ouvido dizer que havia uma instalação naval com túneis escondidos nas proximidades. O grupo, liderado por Henrique, pesquisa à volta da estalagem e em todas as entradas e passagens do complexo militar circundante.

No final da primeira ronda, deparam-se com uma estrada estreita que desce a encosta para uma zona que mais parece um campo plano e relvado. A estrada desce e curva para a esquerda, ocultando o que encontrariam pela frente.

"Tem de ser aqui," diz Henrique.

"Há mastros e antenas," diz Pedro

Caminham pela estrada estreita conversando alegremente contando um ao outro as últimas histórias do dia: a rapariga gosta do rapaz e o rapaz gosta da rapariga.

Entre margens muito altas, viram ligeiramente à direita e avistam um portão duplo muito alto no fim da rua.

Aproximam-se e olham para dentro através do portão. Há um grande pátio coberto de seixos brancos espraiados para a esquerda e para a direita, rodeando a estranha construção de rés-do-chão. Não há sinal de ninguém, mas há um cão pequeno meio escondido na sombra a descansar junto à parede do edifício. O local parece deserto. O pedaço de relva que tinham visto anteriormente cobre o telhado das instalações.

"É um bunker secreto."

A fachada tem algumas aberturas, uma das quais é um portão com janelas de vidro que esconde um corredor escuro atrás deste.

"Ali, ali, é um túnel," diz Pedro, sem ter a certeza se era ou não.

Henrique conduz as crianças, dizendo, "Venham, vamos explorar."

"Olhem, há um cão."

"Eu vi-o, é pequeno."

É um Jack Russel branco, deitado no chão com a cabeça entre as patas da frente.

"É perigoso?"

"Não, ele não ladra."

O portão está aberto e Henrique abre-o um pouco e entra na área aberta sem ninguém. Em frente dele o cão não se mexe, mas quando as outras crianças seguem o Henrique, o pequeno animal assusta-se, levanta-se e desaparece por detrás de umas tábuas encostadas à parede mais adiante.

"É um cão vadio."

"Ele é tão giro," diz uma das raparigas.

Henrique dirige-se ao segundo portão e abana-o. Também está destrancado. Abre-o, caminha alguns metros, para e tenta ver através da escuridão. Como não consegue, tenta ouvir sons vindos do interior.

"Chiuuu, silêncio."

Henrique espera alguns segundos e chama os amigos.

"Venham, está seguro."

As crianças entram no túnel atrás dele. Avançam uma atrás da outra e começam a mover-se lentamente em direção ao lado escuro, quando uma voz estrondosa lhes gela o coração.

"Estão presos," diz o homem, fechando o portão ruidosamente.

O homem é um marinheiro com uma arma ao ombro.

"Não, não podes fazer isso," dizem as crianças.

"Posso sim, acabaram de entrar numa instalação secreta da NATO."

"As portas estavam abertas, não estávamos a invadir," diz Henrique.

"Vou ter de chamar a polícia militar para vos prender a todos."

"Não há maneira, se nos deixares aqui, fugimos."

"Nem pensar, o cão toma conta de vocês."

"Aquele cãozinho?"

"É o mais feroz de todos os cães de raça. Não conheces a fama dos Jack Russels? Ele apanha qualquer rato, em qualquer lugar."

"Não acredito, ele é tão giro," diz novamente a rapariga.

"Ele está treinado para morder tornozelos."

"O nosso cão é um Setter Irlandês, maior do que o teu," diz o João pequeno.

João olha para o túnel escuro e entra. O corredor está cheio de móveis partidos e leva a muitas portas fechadas. Ao virar uma vez à direita, vê uma luz ao fundo do corredor, apressa-se e verifica que o outro lado do túnel termina numa parede com uma janela de vidros partidos. O João experimenta abrir a janela e ela está destrancada. É o caminho de fuga perfeito. João corre de volta e chama Henrique.

"O túnel termina numa janela aberta, podemos escapar."

"João, espera aqui," diz Henrique.

"Sr. Marinheiro, por favor deixe-nos ir, os nossos pais estão preocupados," diz Nuno.

"Regras são regras. Todos serão acusados de invasão de propriedade."

"Mas Sr. Marinheiro, nós estamos a brincar, somos crianças," diz um rapaz de outra família.

O guarda está prestes a responder quando Henrique surge atrás dele, "Olá, Sr. Sentinela, posso ajudá-lo?"

O grupo vê Henrique lá fora a falar com o marinheiro e começa a rir, e o guarda armado faz o mesmo e com um sorriso tenta harmonizar o momento, "Ah, encontraram o caminho da liberdade."

"Que instalações são estas? Parecem desertas," pergunta Henrique.

"É verdade, eu só as vigio... contra os bandidos perigosos como vocês."

"Nós não o vimos, como é que soube que estávamos aqui?"

"O meu cão disse-me."

"Ele não ladrou."

"Ele não ladra, apenas me chama, põe a pata no meu pé e eu sei que alguém entrou e apanho ladrões e traidores quando eles menos esperam."

Todos se riem e despedem-se.

Herói do Dia

A tia Beatriz acorda João e diz-lhe, "Filho, prepara-te e toma o pequeno-almoço antes de ires para o aeroporto."

João fecha a sua pequena mala, veste-se e dirige-se à cozinha para tomar o seu último pequeno-almoço antes de partir para África. Come um croissant com compota. Tinha visto a tia Beatriz fazer a compota com ameixas das árvores do jardim dela. Bebe chá, recusa leite, pois este não lhe cai bem.

A tia Beatriz despede-se de João.

"João, gostámos muito de te ter aqui. Por favor, volta sempre e não te esqueças das tuas orações."

O Comandante Henrique leva o João ao aeroporto, estaciona o carro e ajuda a criança com todas as formalidades necessárias para um menor viajar: identificação, vacinas, verificação da etiqueta da mala e do recorte do topo da etiqueta, que devem estar bem presos ao bilhete.

"Filho, estás a ver este número neste pequeno pedaço de papel agrafado no interior do bilhete? Lembra-te: quando fores buscar a tua bagagem e saíres do aeroporto, vai estar um homem à porta de saída que vai verificar o número da tua bagagem com este número. Não te esqueças dele."

"Não me vou esquecer."

O tio Henrique, como João lhe chama agora, tal como chama Beatriz, tia, leva a criança ao polícia de fronteira, que verifica o bilhete de identidade de João, a autorização para viajar sozinho e o documento que autoriza um estranho a ser responsável por uma criança que não é seu filho. O polícia liga para o serviço de menores e uma mulher aparece para tomar conta de João.

"João, faz uma boa viagem, vemo-nos daqui a quinze dias."

"Sim, tio Henrique, muito obrigado."

O voo está marcado para as oito horas da manhã. João está entusiasmado, pois será a primeira vez que viaja de avião e será num Super Constellation, o mais elegante de todos os aviões comerciais que já vira até então e o único modelo de avião civil que gostaria de acrescentar à sua coleção.

Como se trata de uma criança que viaja sozinha, a companhia aérea prevê que uma assistente esteja sempre com ele até ao embarque, altura em que uma segunda assistente o substituirá. A mulher acompanha João até à zona de partidas e espera. Quando a chamada de embarque é dada, todos os passageiros apressam-se a embarcar, mas a acompanhante espera até que o último tenha passado pelos portões.

"João, agora é a tua vez."

Uma hospedeira de bordo chega e substitui a assistente.

"João, boa viagem."

"Obrigado."

"Venha comigo!" diz a hospedeira.

João está curioso e quer ver tudo antes e depois da descolagem, mas o seu lugar é na coxia. Distraído, pega na revista de bordo para ler. Estica o pescoço e a cabeça, mas só consegue sentir o avião a levantar voo e um pouco de céu a subir.

"Jovem, queres o lugar junto à janela?" pergunta o passageiro à sua direita.

Os dois passageiros trocam de lugar e João consegue ver a terra lá em baixo a desaparecer para dar lugar ao continente africano. A revista informa João sobre os países que vão ser sobrevoados, as montanhas, o deserto e a primeira paragem para reabastecimento: Niamey, Níger.

Por volta da uma hora da tarde, os comissários de bordo começam a servir o almoço. Duas jovens servem pratos quentes às filas da frente dos passageiros, avançando regularmente em direção ao lugar de João. No momento em que a hospedeira entrega um prato a João, o capitão anuncia, "Estamos prestes a aterrar em Niamey, no Níger. Lamentamos muito, mas vamos ter de deixar de servir as refeições."

A hospedeira não hesita em tirar o prato das mãos de João e do seu companheiro.

"Desculpe, ordens," diz ela.

Um comissário de bordo está no intercomunicador, a dizer aos passageiros em várias línguas para apertarem os cintos. João reconhece o francês e o inglês e procura as pessoas que parecem diferentes. Considera a sua procura disparatada, "Como é que vou encontrar alguém suficientemente diferente para falar francês ou inglês?"

João sentado junto da janela olha para a terra africana. É a sua primeira aterragem em África, numa pista no meio do nada. Do alto, não vê casas, nem pessoas, nem caminhos de animais, nem estradas de qualquer tipo. Nem sequer quintas ou terrenos cultivados. Tanto quanto consegue ver, a paisagem por baixo dele é completamente virgem.

São duas horas da tarde de um domingo parado. O avião aterra, desloca-se até ao edifício isolado do aeroporto, mais parecido com uma casa grande do que com uma construção de um aeroporto internacional de uma capital, entra na zona asfaltada onde os aviões estacionam, mas não há nenhum no aeroporto. O piloto decide parar o avião à beira da pista, bem longe da edificação. O João sente uma vontade tremenda de comer qualquer coisa.

O rapaz olha à sua volta, curioso, à procura de equipamento ou trabalhadores que se aproximem para ajudar e reabastecer o avião, mas não vê ninguém. Não há ninguém para guiar o piloto na área, apesar de estar vazia. Não vê carros, nada. Olha com mais atenção e não vê nenhum. Não há nada, nem pessoas, nem escadas, nem carros, nada que lhe dissesse que aquele lugar estava habitado ou aberto. O aeroporto está vazio, como se ninguém no país estivesse à espera do avião. O avião para e o João, que está do lado direito da aeronave com vista para a imóvel do aeroporto, consegue ver no meio da fachada dele uma porta pequena completamente aberta. Os seus pensamentos são interrompidos por um aviso do piloto.

"Caros passageiros, o reabastecimento do avião está atrasado. Neste momento, não há ninguém para trazer as escadas do aeroporto. O nosso comissário de bordo e o copiloto vão tentar trazer uma, para que todos os passageiros possam desembarcar e visitar o aeroporto. Um comissário de bordo informá-los-á quando o avião estiver pronto para descolar. "

Depois de saltarem para o chão, os dois tripulantes encontram umas escadas que João não tinha visto e empurram-na para o lado esquerdo, junto à cauda do avião. Um comissário de bordo abre a porta traseira de segurança. Muitos dos passageiros erguem a voz ou riem de alívio, como se este momento tivesse sido planeado com antecedência.

João é o último passageiro a sair do avião. Embora esteja feliz por ter mais espaço à sua volta, ao sair do avião sente que África lhe bate no peito. O ar é pesado e extremamente quente, a humidade saturada obstrui profundamente os pulmões de João, que tem dificuldade em respirar. Equilibra o corpo e para no meio das escadas. Olha à sua volta. As margens das áreas pavimentadas estão cobertas de erva alta, muito verde e brilhante. Tanto quanto consegue ver, nada mudara desde que observara a terra lá de cima. Para além da ilha de tijolos e cimento que observara, não há casas ou edifícios de qualquer tipo à volta, apenas vazio e natureza. Olha novamente para a erva verde e fresca e vê algumas árvores isoladas ao longe.

"Gosto disto, não há pessoas," murmura João, respirando três ou quatro vezes para se habituar ao novo mundo, e caminha por detrás dos outros passageiros até à única porta aberta daquele edifício.

No interior, a sala tem um teto alto e a entrada fica em frente ao bar. Há um único homem atrás do balcão, à espera de passageiros. Forma-se uma fila e o João espera um pouco nela, mas acaba por desistir, pois não compreende a moeda de pagamento e a comida não lhe parece comida. À esquerda, no balcão, estão expostas algumas lembranças. João conhece alguns artefactos africanos originais que tem em casa, mas a maior parte do que vê são arcos e flechas falsos, que despreza imediatamente, "São todos falsos!"

Caminha lentamente ao longo do balcão do bar, olhando para as lembranças, e pensa, 'Quem é que quer comprar coisas falsas?' Entra na área principal da sala, que se estende numa ala de formato de um L refletido, e observa as mesas e cadeiras que lhe parecem de muita pouca qualidade. Encontra uma mesa livre e senta-se numa cadeira de metal que faz um barulho estridente. João olha à sua volta para ver se alguém se sentiu incomodado com o barulho que fez, mas ninguém parece interessado nele. Ainda incomodado por ter quebrado a sua invisibilidade, procura um milagre, como se esperasse que a magia o salvasse por se encontrar num país estrangeiro, e perscruta o local.

A pintura das paredes é espessa, 'Pintada vezes sem conta,' pensa ele, 'E tem um aspeto tão mau que a tinta vai cair em breve, a não ser que seja gesso muito espesso, e cairá na mesma.'

As cores das paredes gritam-lhe: vermelho berrante de um lado, verde ainda pior do outro e branco à sua frente. Ele pousa os olhos na parede e vê a sua primeira vida selvagem africana.

No meio da parede branca, estão três osgas enormes. A criança fica à espera. Lembra-se dos tempos do jardim de infância, quando era difícil manter algo colado a uma parede. As osgas têm todos tamanhos diferentes, sendo a mais pequena a mais ativa. De repente, esta começa a mover-se rapidamente em direção à zona vermelha, mas para quando encontra a linha de demarcação entre cores.

As pessoas estão caladas, embora algumas pareçam frustradas por a comida que adquiriram não ser comestível. Alguns passageiros bebem sumo ou água colorida. As garrafas estavam tapadas e as pessoas sentiram que as bebidas eram provavelmente seguras.

Começa a chover, a humidade aumenta, e o ar fica ainda mais denso do que há uma hora atrás. A temperatura do ar continua a ser a mesma, mas o incremento da humidade torna a sua respiração insuportável. O ambiente na sala torna-se cada vez mais tenso. Os ponteiros do relógio pendurado numa das paredes continuam a mover-se. João não é o único a olhar para ele e fá-lo de vez em quando, mas pensa, 'É melhor desviar o olhar, senão o tempo não passa depressa!'

"É um dilúvio bíblico," diz uma mulher.

João concorda, o barulho da chuva é anormal, nunca tinha visto tanta atroada antes, e começa a sentir o milagre de estar num país diferente. Levanta-se e dirige-se à única porta que dá para a zona pavimentada onde o avião está estacionado.

'É uma porta de entrada e saída estreita e não há uma mesa ou uma cadeira por perto que ajudem os funcionários do aeroporto a controlar os passageiros', pensa João, pedindo por mais ordem, como está habituado, 'Mas onde estão eles?'

João nunca tinha visto uma chuva tão forte, 'Chove gatos e cães, como dizem os ingleses, ou a cântaros, como dizem na terra da Dona Isabel.' No entanto, não há comparação, as gotas que vê cair são grandes e pesadas, salpicando o asfalto com uma força tremenda. Os respingos são tantos que não consegue ver o asfalto nem o Super Constellation por detrás da chuva, que forma uma cortina mais espessa do que qualquer nevoeiro que tenha visto na televisão. Ele gosta do O Santo, com o Roger Moore, muitas vezes em Londres cheia de nevoeiros. João volta para trás e senta-se; alguns passageiros ainda estão a discutir.

"Que disparate! É apenas um aguaceiro tropical, vai passar depressa," diz um homem, com o temperamento em ponto de ebulição.

"Estou farto!" diz um segundo homem.

"Os meus filhos estão perturbados," diz uma mãe de dois filhos.

"Olha para aquele rapaz. Está sozinho, tão calmo," aponta um passageiro a João.

Não querendo ser o centro das atenções, João dirige-se novamente para a entrada. Duas mulheres ocupam a saída, enfrentando a cortina de água a poucos centímetros de distância. A chuva é tão intensa que João se questiona como é possível tamanha realidade. Alguém faz eco dos seus pensamentos.

"Como é que isto é possível? É uma cortina de água," diz a mulher à sua frente. Pouco depois, ela desiste do lugar e a segunda mulher não gosta de ver o rapaz ao seu lado. Sem disfarçar, olha para ele com desprezo e afasta-se. João sente o olhar estranho da mulher nas costas por algum tempo. Esquece rapidamente o olhar da mulher, pois agora ele ocupa por completo a entrada. Atrás dele, uma outra mulher pergunta, "Onde estão as nossas hospedeiras? Ninguém está a fazer nada."

"O avião está estacionado muito longe do edifício. Ficariam encharcadas se tentassem chegar aqui e regressassem a pé ao avião," comenta um homem ao lado dela. Faz uma pausa para pensar e acrescenta um momento depois, "Se ao menos alguém fizesse alguma coisa."

"Já passaram mais de duas horas desde que deixámos o avião. Que tempo miserável para ficar aqui sem fazer nada," diz uma voz que soa fraca, acalmando a sala.

João aprendeu muito durante as horas semanais de treino militar, onde via filmes sobre soldados, sol, chuva, neve, tempestades, pessoas, carros, camiões, tanques, saudações falsas da população nas cidades, mas silencio expectante no campo. João sabia que havia alturas em que tinham de estar todos juntos, à espera de ordens para se deslocarem de um sítio para outro, acampando e à procura dos graduados que faziam perguntas a outros graduados. João sabia que, por vezes, as coisas podiam mudar muito rapidamente, por exemplo, devido a um acidente. Lembra-se do pé partido do 293, no bosque ao lado do estádio do Benfica. Toda a ordem foi interrompida e a urgência tomou conta de todos, permitindo ao graduado do rapaz tomar decisões sem esperar pelo chefe.

João olha para os contornos desvanecidos do avião e olha para traz para ver os passageiros, cujas expressões denotam cada vez mais aborrecimento. Espera que algumas pessoas se aproximem da porta para verificar as condições meteorológicas. No entanto, nada mudou, o aguaceiro não dá sinais de abrandar.

Com um homem e uma mulher atrás dele, quase a tocar-lhe e a fazê-lo sentir-se mal, João decide que é o momento de mudar as coisas. Até então, esperava que um adulto, um homem forte, um herói, tomasse a iniciativa, mas não vê ninguém, homem ou mulher, a tentar mudar as coisas.

Decidido, sem pensar uma segunda vez e certo do momento, João arranca disparado em direção ao avião. Ao aproximar-se, olha para os dois lados da asa mais próxima e não vê as escadas. Diminui a velocidade da corrida, mas lembra-se de que as escadas estão do outro lado.

Acelera e corre como o faz nas competições do colégio, onde é sempre o segundo por detrás do 240. Vai para o outro lado do avião pelo lado da cauda, encontra e sobe as escadas aos saltos, dois degraus de cada vez. No entanto, a porta está fechada. Bate à porta com a palma da mão, mas não obtém resposta. Depois, bate com toda a força que tem no metal com as duas mãos.

Parece não haver ninguém lá dentro, mas continua a bater à porta e começa a perguntar se há alguém. Por um momento, pensa que a equipa do avião está no bar, mas não se lembra de ver lá nenhuma hospedeira. Comissários e hospedeiras devem estar dentro do avião, mas não conseguem ouvir as suas batidas. Passou pouco tempo desde que deixou a porta do aeroporto e João já está completamente encharcado, não há um ponto da sua roupa ou um centímetro quadrado da sua pele que esteja seco.

Dá um pontapé na porta com toda a força que as suas pernas permitem. Ao pensar que o avião está a tremer, volta a bater. Finalmente, João ouve o som da porta pressurizada a abrir-se e vê uma hospedeira jovem a sorrir. Ela tem olhos sonolentos, olha para ele de alto a baixo, fixando-se na sua roupa e no seu corpo, e diz-lhe com confiança, mas calorosamente, "Entra e espera aqui junto à porta, meu filho. Vou trazer-te umas toalhas."

A hospedeira ajuda João a secar as roupas e, quando estas e ele já não estão a pingar, leva-o para o seu lugar.

"Jovem, foste muito corajoso," diz-lhe, entregando-lhe um cobertor, "Usa-o para te manteres quente e secares mais depressa."

Cinco minutos depois de João entrar no avião, chega um segundo passageiro. Quinze minutos depois, ainda sob uma chuva torrencial, o avião descola. Todos os passageiros seguiram João até ao avião, mas nenhum deles se molhou tanto como ele.

O avião chega a Luanda dezoito horas depois da descolagem de Lisboa e enfrenta o seu segundo pesadelo africano. O ar em Luanda é tão húmido como em Niamey, mas o verão em Angola é frio e o fôlego volta a faltar-lhe. O pai aguarda-o com bilhetes para o dia seguinte com destino ao Lubango, a capital da província da Huíla.

***

O aeroporto do Lubango, com o mesmo tamanho do de Niamey, compensa-o. O dia está ensolarado e luminoso, o ar é fresco e seco. Há, no entanto, uma diferença, consegue-se respirar e ainda melhor do que em Lisboa. Possivelmente porque o Lubango fica a cerca de um quilómetro e oitocentos metros acima do nível do mar. O rapaz olha à sua volta e vê que a vegetação é uma mistura de arbustos baixos e erva. Há também muitas árvores dispersas. Não muito longe para o lado onde o sol se põe, ou pelo menos tanto quanto consegue ver, há uma série de montanhas de mesa a ocupar o horizonte.

"É para lá que vamos," diz o Comandante Reis.

À direita, longe, João consegue ver algumas montanhas com pico descoloridas, esbatidas pela distância.

"É para aí que fica Moçâmedes."

João surpreende-se por descobrir que o pai consegue ler os seus pensamentos. Não sabe o que é Moçâmedes, mas deve ser importante para o seu pai querer contar-lhe.

O Comandante Reis conduz o longo Buick Electra preto por algum tempo até uma curva perigosa à direita. A partir daí, a estrada desce e as primeiras casas surgem ao fundo onde viram à esquerda. Pouco depois, tem tempo para ver uma grande praça com alguns edifícios baixos e uma casa, "É o Palácio do Governador," o pai diz. Viram à direita e imediatamente esquerda e a seguir veem o Liceu à direita, a escola onde os seus irmãos estudam. Pouco depois de passarem por ele na próxima esquina, viram à esquerda e a montanha erodida ao ponto de parecer uma mesa está mesmo à frente deles e avançam mais devagar.

"É ali que o Faísca trabalha," diz o Comandante, apontando para uma espécie de pátio, oficina e casa antiga. Alguns segundos depois, para o carro.

A casa da família é mais pequena do que a da Europa, mas mais moderna e sólida. A casa alugada tem um relvado à frente, separado da rua por um muro de tijolo baixo e uma vedação de metal em cima. O jardim da frente tem dois portões: um para a entrada principal e outro para os carros.

O Buick estacionado parece estar sozinho. Não há muitos outros carros na estrada larga que se estende até ser interrompida por uma escola muito grande ao fundo, mas ofuscada pela altura da montanha por traz.

O Comandante Reis sai do carro e dois cães saltam para o cumprimentar. João sorri ao ver os cães alegres e felizes e entra na sua nova casa. É um mundo novo. Sente uma sensação de liberdade no ar. Demora pouco, ao chegar a casa, vê que, ao contrário dos anos anteriores em Lisboa, tem de dormir no mesmo quarto com os seus quatro irmãos mais novos, o que sempre foi mau presságio.

No dia seguinte, o Comandante Reis leva-o até à oficina, o que demora apenas dois minutos. João vê Faísca, que está ocupado a reparar um motor. No entanto, cumprimentam-se e o sorriso de Faísca faz com que João se esqueça das suas dores mais uma vez. Ainda não sabe, mas desta vez as dores desapareceram para sempre. Embora confuso por esperar um milagre, sente-se nervoso e não tem tempo para mais perguntas; têm de ir para casa para estar sozinho. Se tudo correr bem quando voltar à Europa, não precisará mais do dicionário.

As Quedas do Ruacaná

O Comandante Reis organiza uma viagem de trabalho ao rio Cunene. O João viajará como convidado, enquanto o Domingos será o apoio e dará o seu contributo com opiniões particularizadas sobre a região.

Os três rumam para sul durante a estação seca, que no Lubango corresponde à estação fria. As noites têm muitas vezes temperaturas negativas, mas durante o dia as temperaturas sobem até aos 20 graus Celsius, por vezes até aos 24. A temperatura, fria durante a noite e amena durante o dia, rege a vida das pessoas, mas o Comandante Reis pouco se importa com isso, continuando o início da sua vida laboral às 4h30 ou, neste caso, para partir para a longa viagem em direção ao sul.

O rapaz está ansioso, pois esta será a sua primeira aventura em África, uma África ainda pouco conhecida, onde quer ver animais e vida selvagem.

Seguem por vezes por um dos muitos trilhos paralelos na terra que já foram usados muitas vezes e, como as chuvas pararam, a viagem é confortável e rápida. Começam a atravessar o rio Cunene precisamente quando o pôr do sol se aproxima. A jangada, operada por dois trabalhadores, leva o jipe e os seus três ocupantes até à outra margem, onde chegam no escuro.

O Comandante Reis dirige-se à pequeníssima capital da província e bate à porta de um amigo. Jantam juntos, erguem as tendas no seu quintal e João dorme pela primeira vez numa tenda.

Como se fosse um dever, às quatro e meia da manhã, Domingos acorda João.

"João, é hora do pequeno-almoço e do trabalho."

Regressam à margem do rio, mas têm de esperar pela jangada. Esta traz um Land Rover coberto de pó, com dois homens igualmente sujos. Pararam para falar com o Comandante Reis e trocarem informações sobre as zonas por onde ambos passaram. João e Domingos ficam para trás.

"São caçadores profissionais, já nos cruzámos algumas vezes," diz Domingos ao rapaz.

João encosta-se à traseira do jipe dos homens e ouve um barulho. Assustado, salta ao ouvir uma criatura esfomeada a roncar. Escondida no veículo dos caçadores, entre embalagens e coberturas, encontra-se a cria de uma chita que chora zangada defensivamente.

"Domingos, os caçadores dizem que o trilho de Ruacaná até às Montanhas Negras está difícil, mas é viável. Vamos para aquele lado de qualquer maneira."

O veículo avança aos solavancos, vencendo quilómetro após quilómetro. A viagem não convida à conversa e Domingos não fala muito.

"Havemos de lá chegar."

"Hoje, antes de mais, vamos visitar as quedas de Ruacaná," diz o Comandante, "É a altura certa para as visitar. João, vais ficar impressionado."

João, sentado entre os dois homens, só tem tempo de agarrar os braços de Domingos antes de um solavanco no caminho de terra os fazer saltar para o ar.

Quando chegam perto do rio, antes de os três iniciarem a aventura, Domingos explora os canais paralelos à direita da queda principal e diz ao Comandante Reis que encontrou uma passagem segura.

"Depois da morte do pai do Faísca, construímos algumas pontes muito pequenas, mas sabíamos que seriam destruídas com as primeiras chuvas. No entanto, encontrei uma maneira."

"Ótimo, não contes ao João sobre o pai do Faísca."

"Os canais são estreitos este ano, o maior é transitável e tive tempo de construir uma ponte improvisada com madeira."

Domingos, João e o Comandante Reis iniciam a caminhada perigosa, mais tarde João aprendeu que era o lado errado do rio para ver as quedas. Domingos ajuda João a saltar uma sucessão de pequenos braços do rio Cunene, mais parecidos com canais formados durante sucessivas estações de chuva, com o objetivo de transportar o máximo de água possível por toda a longa fenda no solo. O buraco profundo tem cerca de mil e duzentos metros de perímetro e cento e vinte metros de altura nalguns lugares, mas a água pode espalhar-se continuamente ao longo da fenda por cerca de um quilometro mais ou menos durante a estação das chuvas.

João não gosta de alturas e hesita quando tem de atravessar o canal maior com a pontinha feita pelo Domingos no momento. O Comandante Reis faz uma careta esperando mais do filho, mas Domingos ajuda o rapaz e, finalmente, chegam às quedas maiores e principais.

João não consegue descrever as centenas de quedas que surgem de todos os lados do abismo em forma de um U comprido quase um 8 aberto no meio e acima. Vê quedas à sua direita, espalham-se por dezenas de metros ao longo da curva mais próxima, e outras dezenas à sua frente, direita e esquerda, aqui sem as poder contar.

À esquerda, a seus pés, está a maior e mais larga, com água a correr forte e rápida. Para além desta, neste lado do U, há mais quedas que João não pode ver, mas no todo é um espetáculo impossível de esquecer. Até onde ele consegue ver, o rio encontra o seu caminho através de um estreitamento na parte aberta do U, seguindo em direção a outras terras e ao oceano Atlântico.

"João, o que dizes?"

"É lindo e poderoso."

"Não há muitas pessoas que possam ver isto, não há maneira... é perigoso saltar os canais e estes estão sempre a mudar, nunca te esqueças disto."

"Não esquecerei."

"São mais altas que as Cataratas Vitória. Durante a época das chuvas não são tão espetaculares como elas, mas estas quedas são de difícil acesso, por isso pouca gente conhece a sua magnificência. João, nunca te esqueças do que estás a ver aqui," diz o pai do rapaz, mas este não sabe nada sobre as Cataratas Vitória e, mais uma vez, regista-as como algo muito importante.

"Domingos, podes ajudar-me?"

A criança estende a mão e Domingos segura-a. Sentindo-se seguro, João olha para baixo para ver o fundo. As pedras que recebem a força bruta da água estão cinzeladas, lavadas e bonitas. Sem saber que o Faísca também as tinha visto, João diz a Domingos:

"Há buracos nas rochas, parecem esferas, meias-esferas vazias."

Domingos sorri, pois sabia que outra criança lhe tinha dito a mesma coisa, quase com as mesmas palavras, lembrando-se de Faísca.

"Estas pedras que vês são importantes para as pessoas que vivem aqui."

"Oh! Importantes, ou apenas importantes?"

"Se fosse religião, diriam Sagradas."

"Ah!"

João olha mais uma vez para trás e faz sinal a Domingos, que o puxa para uma zona mais confortável.

"Está na hora de irmos, temos um longo caminho até ao acampamento," diz o Comandante Reis.

Aventura no Cunene

O carro segue o Cunene rio abaixo, à procura de um grande rio seco de que o Comandante tinha ouvido falar.

"Domingos, já atravessámos vários pequenos, mas onde está o grande?"

"É a velocidade, o tempo passa, estamos a abrandar."

"Malditas pedras."

A picada estava cheia de pedras e, por vezes, de pedregulhos. À medida que o dia ia acabando, havia cada vez menos por procurar. O João não sabia o quê. O diretor da brigada dos rios decidiu montar acampamento. Nas primeiras horas da manhã, continuaram a viagem e acabaram por chegar a um grande rio seco. Pararam e saíram a pé para inspecionar as margens. O comandante Reis queria seguir o rio acima para verificar se valia a pena instalar um posto para medir o caudal e a altura do rio durante a época das chuvas. Se houvesse um local adequado, este teria de se situar a uma distância razoável do rio Cunene.

"Comandante, a natureza aqui é agreste. Não estou a ver como vamos conseguir."

"Vamos tentar."

"Não é sensato usar as areias do rio seco. Tudo pode acontecer e precisamos de ter a certeza de que há areia firme ou terreno bom para onde fugir... estou a falar de areias movediças, ou então enterrar o jipe e sermos apanhados no meio do nada com muitos problemas."

"É verdade, não temos qualquer informação sobre esta zona. Vamos tentar usar as margens o mais possível."

O jipe parte para uma das viagens mais dolorosas das suas vidas, tanto para os dois homens como para a criança, mas para esta é tudo uma aventura. As bermas são estreitas, feitas de terra de aluvião sobre rocha. O caminho virgem é empedrado e seco e, por agora, as pedras que encontram pela frente não impedem o jipe. Elas caem colinas abaixo. A região é montanhosa, as colinas são pequenas, as curvas são apertadas, os deslizamentos de terras são comuns e a razão pela qual os dois homens falam do percurso é a quantidade de pedras soltas, algumas grandes, com metade da altura do jipe, assentes nas bermas. Essas pedras são a razão pela qual viajam a apenas cinco quilómetros por hora.

João está ansioso por ver animais selvagens, mas até agora não vira nenhum, nem sequer um antílope.

"Eles aparecerão mais tarde," diz Domingos.

O Comandante Reis para o carro para almoçar e avaliar a situação. A sua bússola está a ficar louca, mas ele não se preocupa, pois sabe que a zona está cheia de ferro e outros minerais. Até se fala de platina, mas para o oficial da marinha não passa de conversa e nada mais. O mapa que estão a seguir é incompleto e há pouca informação sobre o local onde se encontram, "Vamos continuar até ao anoitecer. Amanhã de manhã decido."

Domingos não diz nada.

O veículo azul ciano, as cores da Brigada, move-se e abana, sobe e desce, mas o progresso é lento. A noite está a cair e o pai de João não para, pois tem de encontrar uma saída para o norte. À medida que avança, as margens do leito seco do rio vão-se alargando e a areia já não é tão profunda. Há também mais árvores e arbustos, o que o Comandante Reis considera um bom sinal.

O chefe continua a trabalhar sem descanso e acaba por parar às quatro da manhã, não porque queira, mas porque os elefantes partiram uma árvore e empurraram alguns arbustos para cima das pedras, bloqueando a passagem.

"Acampamento!"

Removem o maior número possível de pedras rugosas, algumas tão afiadas como uma catana, para arranjar espaço para montar a tenda e os três burros do mato. Os dois homens tinham visto rastos de leões, mas não falaram sobre eles para não alarmar João. Como de costume, fazem uma grande fogueira e os dois homens dormem durante duas horas.

João dorme mais tempo e, quando acorda, vê Domingos e o seu pai a conversar. Uma árvore bloqueava a picada. Caíra sobre a borda, com a copa sobre o caminho, e era evidente que esta era muito mais pesada do que pensavam.

"Os elefantes derrubam árvores para comer a copa," diz Domingos a João.

O Comandante Reis entra no jipe e Domingos dirige-se ao leito seco do rio para verificar a consistência da areia. Acena que sim. O pai de João conduz lentamente, seguindo as instruções de Domingos, enquanto todos esperam pelo melhor. O jipe contorna as raízes à mostra da árvore e entra noutro rio seco, uma espécie de afluente, mais semelhante a um canal lateral que drena a água durante a época das chuvas. Este rio seco não é largo e está completamente coberto de arbustos, tanto à esquerda como à direita, por vezes até por cima, criando um túnel. O veículo avança, com Domingos à procura de um local na margem direita onde o carro possa subir suavemente, a fim de se deslocarem mais depressa, caso o tempo fique demasiado frio.

João vê um antílope, ou apenas uma cabeça entre os arbustos, mas o seu rosto mostra-se radiante.

"Uau!"

Domingos move-se e o antílope desaparece. Em breve, o Nissan está do outro lado do pequeno canal, ainda à direita do grande rio seco.

O dia passa, o motor não morre, as rodas não furam, a areia do riacho seco não falha e o condutor continua a perseverar. São uma hora da tarde quando o canal seco desaparece em vários trilhos feitos pela água. A água que alimenta este rio seco, embora de pequena dimensão, vem de uma série de montanhas que formam um longo semicírculo, "Domingos, este é um rio curto e seco, ou não é rio nenhum... É com muita dor que o vejo crescer e alcançar a liberdade ao mesmo tempo."

À medida que o sol se põe, a terra e o caminho tornam-se mais fáceis de atravessar, revelando uma paisagem extraordinária.

Quando o sol se põe por trás das montanhas, ainda com o dia por terminar, finalmente têm uma noção da direção que devem seguir. Agora, dirigem-se para norte, com as sombras das grandes montanhas áridas à sua esquerda a escurecer as encostas visíveis bem como o novo trilho criado. Na ideia do comandante, possivelmente o primeiro a ser feito naquela região, enquanto o cenário a leste é fantasmagórico até encontrarem antigos trilhos de outras viaturas, nenhum com direção certa.

"Aventureiros ou engano," o pai do João diz.

Atravessam uma terra com centenas de afloramentos rochosos, alguns com cerca de vinte metros de altura, constituídos maioritariamente por grandes rochedos, embora haja também alguns constituídos por apenas uma rocha ou vários rochedos agrupados. No entanto, todos têm uma coisa em comum: são todos negros e naquele ambiente parecem refletir a luz. É a cor negra que absorve os raios solares.

"Domingos, o que é aquilo?" João pergunta apontando para uns animais a correr aos saltos para os afloramentos.

"Aqueles animais pretos com caudas grandes e compridas e sem pelo?"

"Sim."

Para João, os animais parecem ser maiores do que um cão de tamanho médio. Eles assustaram-se quando viram o jipe a aproximar-se e correram para se esconder entre as rochas.

"São ratos das rochas, é assim que lhes chamamos."

"Tão grandes? Tantos?"

"Não estão habituados ao barulho dos motores dos carros. Caso contrário, não os terias visto apanhados de surpresa."

À medida que avançam, o terreno começa a mudar, com mais vegetação e uma paisagem enluarada dominada por erva seca, semelhante à savana, embora ainda com rochas por todo o lado e cristas novas de montanhas que surgem sucessivamente à esquerda.

Acamparam por mais uma noite e, no dia seguinte, o grupo finalmente encontra o trilho certo para o Lubango. Infelizmente, desviaram-se e não chegaram às Montanhas Negras nem às quedas de água com o mesmo nome.

A aventura leva João para fora do mundo que sempre conhecera, com uma grande diferença: ele não está, nem nunca esteve durante a semana no Cunene, a sofrer. As suas longas e exaustivas dores desapareceram e ele não percebe porquê, pois Faísca não está com eles.

A Greve de Fome

João regressa à Europa. O avião faz uma paragem na Guiné-Bissau, onde lhe revelam as poucas casas da capital. Durante alguns instantes, antes de lá chegar, vê um pássaro a voar paralelamente ao autocarro. Desperta-lhe a curiosidade, o passarinho é semelhante à viuvinha-negra que João vira na gaiola no jardim das traseiras da Vivenda Maria de Lurdes.

O pássaro é preto e tem duas longas penas na cauda. Na gaiola, voaria um metro, no máximo dois. Seria mais um salto do que um voo, mas na natureza, voa lentamente para cima e para baixo, como se estivesse a nadar ao sabor das ondas, com as duas longas penas também a ondularem-se ao meio para cima e para baixo.

João está triste por ter de regressar a Portugal, mas feliz por voltar a estar com a família Vasconcelos. No entanto, as dores regressaram.

O fim de semana escolar cura as mágoas de Pedro e João. Já esqueceram o grande combate antes das férias. A nova semana começa de manhã cedo, quando, em vez de se dirigirem para o pequeno-almoço, a companhia permanece em formação na grande sala. Os graduados estão nervosos. Qualquer atraso e a companhia corre o risco de perder o pequeno-almoço.

O comandante dirige-se aos rapazes.

"Companhia, temos um assunto importante que não diz respeito à nossa unidade. O nosso comandante de batalhão virá explicar tudo."

As crianças permanecem quietas nas suas fileiras. Nenhuma delas se atreve a mexer-se e a violação inesperada das regras não só os surpreende como também os preocupa. Tanto mais quando os graduados das outras companhias entram e se juntam num canto. Finalmente, o comandante do batalhão do colégio militar chega com a sua comitiva.

O comandante da segunda companhia instrui os rapazes para saudarem o comandante superior, que responde com uma saudação, e a companhia regressa à sua posição anterior.

"Na semana passada, como sabem, dois dos nossos graduados foram severamente punidos com prisão e fins de semana suspensos durante quase um ano. No total, quase dois meses de prisão."

João não se lembra de ter lido ou ouvido nada sobre o castigo, mas não se importa com o que possa acontecer aos adultos ou às outras companhias. O comandante prossegue.

"Não concordamos com a sentença."

A companhia não parece recetiva, pois a maioria dos rapazes, como João, não se interessam pelos assuntos daqueles com quem não têm contacto pessoal.

"Pedimos o vosso apoio para que o castigo possa ser discutido e reduzido."

O comandante do batalhão olha para a multidão de rapazes. Nunca se tinha preocupado com eles e agora pedia a 120 crianças que participassem numa campanha de solidariedade para com dois quase adultos que tinham sido castigados por algo que tinham feito.

"Eles estão na prisão, é inaceitável," diz o adolescente, à espera de avaliar o estado de espírito dos rapazes.

"Estão fechados na prisão. São jovens, não merecem isso. Um dia, podemos estar na mesma situação. Não queiram ir para a prisão."

O graduado acena com a cabeça e o segundo comandante da companhia assume o comando.

"Alunos, quando o nosso comandante de batalhão pedir o vosso apoio, respondam 'SIM'."

"Companhia, para acabar com a injustiça que continua, peço ao Batalhão que faça greve," e o graduado mais graduado do batalhão continua a explicar o que lhes está a pedir.

A sala fica em silêncio.

"Compreendo que nunca tenham ouvido esta palavra no contexto do que estamos a pedir hoje. Uma greve é algo que todos nós fazemos em conjunto contra os nossos patrões. O batalhão é um só e é *Um por todos e todos por um*." Terminou a explicação com o lema do colégio. Fez uma nova pausa e prosseguiu.

"Isto é uma greve de fome. Durante esta semana não vamos aceitar qualquer alimento, exceto água e pão."

Não houve qualquer reação; nenhum dos rapazes percebeu o que ele estava a dizer.

"Repitam comigo: greve, greve, greve."

Os rapazes gritaram, felizes por estarem a fazer alguma coisa.

"NINGUÉM COME DURANTE UMA SEMANA, SÓ ÁGUA E PÃO."

Os rapazes estavam prestes a repetir as palavras, mas pararam, porque o significado da frase gritada apanhou-os de surpresa e o comandante da companhia intervém, "O nosso comandante está a pedir o vosso apoio e vocês vão gritar 'SIM'. Estão a ouvir-me?"

"Segunda Companhia, apoiam a greve de fome que começa hoje? PARA TODOS NÓS, PARA TODO O BATALHÃO?"

Os alunos não dizem nada.

O comandante grita "SIM" e levanta os dois braços três vezes para os encorajar.

Os rapazes respondem com um débil "SIM."

"Companhia... APOIAM A GREVE DE FOME?"

O comandante levanta novamente os braços, depois baixa-os rapidamente e diz, "Repitam comigo: SIM."

Os rapazes, já fartos e precisando de alguma coisa para fazer, aquecem-se finalmente, seguem a dica do graduado e gritam em uníssono.

"SIM."

Os adolescentes param por um momento, falam uns com os outros e depois vão-se embora. Atrás deles, os outros cento e vinte rapazes interrogam-se sobre o que se passa.

A companhia entra no refeitório a tempo de não perder a refeição. Os alunos graduados esperam que todos os alunos estejam à frente das suas mesas. Os alunos aguardam que lhes seja dada a ordem de se sentarem para começarem a comer e a contar as últimas piadas inventadas a partir da última anedota que ouviram.

A ordem não chega. Os comandantes das companhias olham à sua volta e veem que nenhuma criança se sentara, que ninguém se revoltou.

"A greve está a decorrer," diz um deles a outro.

João espera, assim como os seus colegas, mas como não veem ninguém sentado, continuam a esperar.

Os graduados recebem o sinal para terminar a refeição e ordenam aos seus subordinados que tragam o pão.

De volta ao dormitório, terminam as tarefas e preparam-se para o que se segue. Em breve, estão de regresso à sala de estudo e João pega no dicionário que é agora o seu remedio preferido. Está um pouco velho e cansado depois de um ano a pressioná-lo contra o seu estômago para criar dor contra a dor que o aflige, na esperança de poder estudar.

Não consegue concentrar-se, mas desta vez não é o único. Lentamente, começa a infiltrar-se na mente dos rapazes a ideia de não comer durante uma semana. Após um período de estudo coletivo, dirigem-se para a aula. Os primeiros comentários sobre o incidente chegam-lhes durante o último intervalo.

"Dois alunos graduados entraram no internato das raparigas e foram apanhados com as calças na mão."

Era um eufemismo, mas nem todos o compreenderam dessa maneira.

"O Instituto de Odivelas, o colégio interno das raparigas?"

"Sim."

"Tenho lá uma irmã."

"Eu também."

Ninguém sabe todos os pormenores, mas a ideia de dois rapazes terem subido às torres desta fortaleza para raparigas, tão famosa para eles como o seu colégio, e terem sido apanhados em flagrante, é demasiado aventureira para não ser considerada.

O intervalo antes do almoço é o mais normal possível: a maioria dos rapazes está ocupada a fazer alguma coisa, alguns até a jogar jogos de salão e a praticar desporto. João pensa no jantar e fala com um colega.

"Não podemos comer mais?"

"Já te disse que não."

"Durante uma semana inteira?"

"Exatamente."

"Como é que podemos fazer isso?"

"É simples, não comendo."

Fazem fila para o almoço. As quatro companhias marcham lentamente pelo único corredor que dá acesso aos dois grandes refeitórios. Os rapazes entram e cumprem o mesmo ritual do pequeno-almoço. Estão em greve.

O almoço é o momento em que tudo acontece, em que a comida é mais substancial e em que os rapazes esperam pelos festejos de aniversário para prepararem a garganta para o derradeiro grito coletivo.

"PAGA JÁ!" gritam 300 alunos quando os alunos da mesa do aniversariante atiram os copos pequenos, de onde beberam o vermute do brinde, para o chão com o máximo de força.

Os serviçais militares, por vezes básicos, trazem a sopa. Os rapazes veem a sopa a arrefecer. Ela traz os primeiros cheiros que lhes penetram nas narinas e lhes fazem roncar a barriga. Os homens pegam nas tigelas de sopa intocadas e trazem o segundo prato: bife de vaca com um molho escuro de cebola e alho com vinho, misturado com um pouco de azeite, para que a carne fique com uma cor castanho-escura. Como é tradicional no país, é servido com arroz branco cozido polvilhado com manteiga.

É o prato preferido da maioria. Desta vez, o cheiro da comida intoxica alguns dos rapazes, que se sentem nauseados, mas resistem. Já que se aperceberam que estão a fazer algo único: são eles, uma escola inteira, quase seiscentos rapazes entre os dez e os dezassete anos, em greve de fome.

Alguns começam a falar, a tentação é demasiado grande. João murmura, "Todos por um, um por todos." Toda a sua mesa repete o grito. Em breve, a mensagem é murmurada em todo o refeitório, os estudantes cerram fileiras e ninguém pode dizer que tem fome.

Os homens que servem a comida voltam e levam a comida não tocada para a cozinha, deitando-a fora. As regras são claras: ninguém come a comida.

É o dia especial em que é servido o delicioso creme de leite, uma mistura de baunilha, ovos, creme de leite, limão e açúcar queimado por cima. Os tabuleiros grandes, um para cada oito alunos, são colocados em cada mesa. Ainda estão quentes: o açúcar por cima ainda está fresco e parece-se com seda lustrosa.

Passados cinco minutos, os rapazes sofrem ainda mais ao verem a parte de cima do creme a enrugar-se e a perder a frescura.

A refeição termina e os graduados informam os alunos, "Levem o vosso pão convosco."

Mais tarde, na sala de convívio, comem o pão.

Quatro dias depois, os rapazes continuam firmes, ocupando as suas posições como homens de verdade. Não houve uma única criança a chorar, nem um único cadete a queixar-se. Todos, novos e velhos, têm uma energia especial.

A notícia espalha-se e muitas mães e pais vão à escola para pressionar os oficiais e o pessoal.

"Tenho comida para o meu filho, ele é tão delicado."

"Estão a matar os nossos filhos, não está certo, vou falar com o Salazar."

Sentindo a pressão, os graduados encontram uma solução temporária para o problema que cresce dentro de cada menino-da-Luz. Encontram rabanetes e nabos selvagens no terreno da escola, provavelmente de uma quinta antiga há muito abandonada. Os graduados dizem aos rapazes para se alinharem debaixo de algumas moitas espalhadas à volta da zona desportiva e, depois, distribuem os legumes.

"Lavem-nos antes de os comerem."

A maioria recebe um nabo ou um rabanete e alguns comem logo os legumes sem os lavar. O João cheira o nabo e decide que não gosta dele. O 421 pede o nabo a João, que lho dá e o rapaz sorri, seguido de gargalhadas. Está feliz, tem o dobro da quantidade de todos os outros.

A greve termina no sábado.

O João sai da escola para aproveitar o fim de semana.

Os outros rapazes, preocupados, vão para casa. Algumas mães choram, outras oferecem-lhes jantares luxuosos.

João vai para casa sem saber o que aconteceu aos dois graduados presos, se as penas de prisão e o grande número de fins de semana passados no recinto do colégio militar foram alterados.

O Cuíto-Cuanavale

O comandante Henrique leva João ao aeroporto. Depois de todas as formalidades, que João já compreende, é hora de se despedirem.

"João, faz uma boa viagem. Até daqui a quinze dias."

"Feliz Natal, tio Henrique."

"Feliz Natal, João."

O voo que o levará até à sua família em África está marcado para as 22 horas. João está entusiasmado, pois a sua primeira viagem a África foi repleta de aventuras e mal pode esperar por mais. Mais importante, recorda-se do momento em que, mesmo sem a ajuda de Faísca, a dor como que por magia tinha simplesmente esvanecido. Sem qualquer explicação, foi a primeira vez na sua vida, desde que tem memória, que conseguiu passar alguns dias sem dores, o que o deixou bastante surpreendido.

Um mês antes da viagem de João, Dona Isabel escrevera à Tia Graça, a chefe de todas as hospedeiras da companhia aérea nacional, a avisá-la de que Fernando Pessa, um amigo da família com quem a tia Judith tivera um caso secreto, também viajava no mesmo voo.

A hospedeira aguardou que todos os passageiros se sentassem e levou João para o corredor entre os lugares. O seu lugar é ao lado de um homem idoso.

"Então és o sobrinho da Judite," diz Fernando Pessa, numa afirmação que não necessitava de resposta.

Fernando Pessa olha para o rapaz e pergunta, "Como te chamas?"

João ficou impressionado por um estranho lhe dirigir a palavra e por este conhecer a irmã de Dona Isabel.

"Perdeste a língua?"

"Chamo-me João."

"Ótimo, lê qualquer coisa."

João não tem nenhum livro para ler e puxa o bolso do banco do banco em frente, revelando a parte de cima de um folheto e o que parece ser uma revista. Ao puxar com demasiada força, o elástico parte-se. João olha para o seu companheiro, que não se apercebeu do incidente. Aliviado, João pega na revista para a ler.

O avião aguarda algo ou alguém. Decorre uma hora, depois outra, e ninguém diz nada. O avião está cheio, mas ninguém parece nervoso, ninguém fala alto ou exige algo. João sente-se relaxado e espera, confiando que o seu companheiro não voltará a falar com ele até que chegue a hora, o que o conforta.

De repente, o comissário de bordo anuncia que o avião tem um problema num motor que precisa de ser reparado e que todos os passageiros devem desembarcar e esperar na sala de trânsito.

João sai do avião sem a supervisão de um adulto. O comissário de bordo pensou que João estava com Fernando Pessa, que na altura era uma estrela de televisão, e este pensou que a sua função se resumia a garantir que o sobrinho da Judite, que estava sentado ao seu lado no avião, se comportasse bem.

Silencioso e invisível, João não esperou por um adulto e, como o seu companheiro também tinha saído sem ele, saiu sozinho.

O rapaz está contente com a sua sorte, pois o adulto que não conhece pessoalmente faz com que se sinta desconfortável. Passa por trás de algumas pessoas que estão a falar sobre o que iriam fazer. Foi uma surpresa, pois estavam demasiado sérios e falavam com uma voz grave, mas o que João ouviu foi algo muito informal, "Que tal jantar e tomar uns aperitivos no bar?"

O rapaz não os seguiu, pois não tinha dinheiro e "beber" para ele significava apenas água, a única bebida que era gratuita, mas ele não queria água. Senta-se num sofá comprido, plano, verde e vazio. Poucos minutos depois, já exausto, adormece no sofá. Uma assistente de terra vem contar os passageiros, vê João a dormir e cobre-o com um cobertor.

Oito horas mais tarde, os passageiros repetiram a mesma rotina de embarque, mas desta vez o avião está pronto para os levar para África.

Desta vez, João espera que tudo corra bem embora se sinta culpado pela avaria do bolso no assento, mas ninguém lhe dirige a palavra nem o repreende.

Vinte e quatro horas após a primeira chamada de embarque, o avião chega à capital de Angola. O ar está húmido e, desta vez, está calor, uma combinação fatal para ele, mas sabe que não vai ficar muito tempo na cidade.

No dia seguinte, partem para o Lubango.

João veio passar o Natal, mas só quer explorar o novo mundo. Tem sorte: o pai decide trabalhar fora do Lubango durante as férias e leva os dois rapazes mais velhos com ele.

João sabe que a mãe não o quer em casa. "Uma semana em Cuíto-Cuanavale," diz o comandante quando João pergunta para onde vão e por quanto tempo.

"João, acorda o teu irmão e prepara-te."

O comandante Reis e os dois rapazes entram na estação, mas não apanham o comboio para Menongue, a quinhentos quilómetros a leste. Em vez disso, apanham um pequeno veículo motorizado sobre carris. O veículo é uma caixa de metal lenta com janelas e bancos adaptados de uma viatura em serviço das ferrovias.

Para surpresa de João, os lugares no mapa que indicam o seu novo destino estão escritos em letras grandes. No entanto, ao passarem por eles a alta velocidade, provavelmente a 40 km/h, que era a velocidade da *drézine*, como chamavam ao carro localmente, só consegue ver os mesmos lugares, no mapa identificados com letras enormes, com apenas algumas casas e possivelmente muito poucas pessoas.

As horas passam e chegam a Menongue. O mapa mostra o nome da localidade como uma das maiores de Angola. No entanto, com a experiência adquirida durante a viagem e com a ajuda do mapa, não foi surpresa para João verificar que na capital do Cuando-Cubango não havia mais do que uma dúzia de casas de um só piso, todas em mau estado de conservação, espalhadas ao longo de uma estrada de terra batida.

A *cidade* tinha sido recentemente promovida a capital, um nome criado a partir da combinação dos dois principais rios das duas grandes bacias hidrográficas que a brigada, da qual o pai de João é o chefe pioneiro, estuda. Nenhum dos nomes lidos no mapa tem corrente elétrica, mas tudo corre normalmente.

Um membro da brigada que foi buscar o diretor e os dois rapazes levou-os para uma construção nova, mais parecida com um armazém longo, mas pequeno. Esta é uma das muitas construções erguidas nas duas províncias do Sul por e para a brigada, das quais algumas são utilizadas para pernoitar quando necessário.

Montar os burros do mato no interior do edifício é como acampar e o rapaz mais novo adormeceu imediatamente. No dia seguinte, têm de encontrar algo para comer e João apercebe-se de como Menongue é pobre quando nem sequer há pão disponível. Tomam chá com biscoitos importados.

O Comandante Reis dirige-se a uma loja local e não encontra grande variedade de alimentos, apenas o que os habitantes locais compram, somente carne seca e farinha. No entanto, a pequena loja também tem arroz e outros artigos que são suficientes para os próximos dias.

"Quantos dias faltam, Comandante?"

"Fernandes, três dias."

"Ah, isso significa um dia inteiro de viagem para chegar a Cuíto-Cuanavale, mais outro para regressar. Como é costume nestas zonas, três dias são dias de trabalho, portanto, são cinco dias no total, aos quais se somam os dois dias de comboio, perfazendo um total de sete dias, dos quais a maior parte é desperdiçada a viajar.

O velho Fernandes é o europeu mais velho da região e tem uma família mista. Não teria sobrevivido tanto tempo se não tivesse criado uma família local. Fernandes convida o seu novo amigo e filhos para o pequeno-almoço.

O septuagenário, um talentoso contador de histórias, não perde oportunidade para impressionar os filhos.

"Há muitos dias em que não podemos abrir as portas para sair... Não me perguntem porquê."

"Porquê?" repete um dos rapazes.

"Temos aqui um grupo de leões que gostam de nos visitar regularmente."

"Oh!"

"Gostam de rondar as nossas casas e farejar as nossas portas à procura de comida. A minha loja tem muita carne e outros produtos com cheiros que eles adoram. Não é só a comida da loja que eles gostam, os leões também acham que eu cheiro bem, e que a minha carne é boa, fresca, jovem e seca."

"Oh!"

"Um dia, vieram e acamparam à porta da loja. Eu não podia sair, conseguem imaginar?"

"Oh!"

Felizmente, o diretor da prisão vizinha passou por aqui para trocar alguns produtos por vegetais que os prisioneiros cultivam e o bando de leões, orgulhoso, deixou a área. Tenham cuidado. Se saírem, procurem os carrancudos nas esquinas e por todo o lado, nunca se sabe se estão escondidos atrás de um muro ou de uma árvore."

A história enche João de medo e ele não se atreve a explorar Menongue como fez no Lubango, onde não havia vida selvagem. Nada no Lubango, corrige o seu pensamento, mas fala-se de macacos-cães ou babuínos que ladram e que vivem não muito longe, no cimo das montanhas rochosas, junto a um dos muitos abismos, um deles com 1200 metros parte da escarpa longa sobre o deserto. É uma zona chamada Leba. Lembra-se dos amigos a contar-lhe os perigos do Lubango.

"Apenas abelhas e o terrível marimbondo, um grande inseto preto voador com uma picada terrível, nada de mais," disse-lhe Domingos.

"E cães com raiva... nunca te aproximes de um!" disse Faísca.

"Como é que sei?"

"Eles parecem loucos, a tremer, a espumar, uma coisa triste."

João perguntara ao pai sobre o inseto voador preto, "Marimbondo?"

"Sim, é esse o nome."

"É o nome que lhe damos aqui, mas noutros sítios é outro inseto, uma vespa, um vespão, difícil de saber, mas um inseto completamente diferente, um problema para muitos que gostam de ler sobre estas coisas, mas nós não somos especialistas."

De manhã, o oficial e o comandante preparam o Nissan Patrol com rodas e pneus grandes de Land Rover que a brigada modificara para as viagens no Cuando-Cubango. Este Nissan é o único dos cinco comprados novos que não foi completamente modificado por Júlio, Faísca e Marcos. De caixa ainda curta, apenas as rodas foram alteradas. Os jipes estavam originalmente equipados com rodas pequenas do mesmo tamanho que as do Jeep Willys, mas que constituíam um obstáculo na região, apesar dos Nissan terem potentes motores a gasolina e nunca deixarem os seus condutores de mãos vazias.

Às quatro da manhã, depois de um despertar difícil para os rapazes, a viagem começa. O comandante Reis espera chegar a Longa, a noventa quilómetros de distância, ao pôr do sol, "Serão pelo menos doze horas em estradas de terra arenosa.

"É uma viagem longa... a velocidade média nos caminhos difíceis é baixa. Esperem até chegarmos à famosa picada do Micano,"[vii] diz o comandante aos filhos. É meio-dia quando chegam ao trilho de areia. Os rapazes bebem água e comem carne seca. "Da próxima vez, vamos comer e beber de manhã, antes de partirmos e depois de chegarmos," diz o pai.

João tenta segurar a areia com a mão, mas os grãos são tão escorregadios e secos que nenhum deles se agarra à palma da mão. "Podíamos fazer uma ampulheta com esta areia," sugere o pai.

A estrada para Longa, o seu primeiro destino, não é longe, mas a picada do Micano constitui o único obstáculo e um dos piores de Angola. O Comandante Reis prepara as rodas e avança com firmeza. Mesmo com baixa pressão, os pneus cortam a areia como uma faca corta manteiga à temperatura ambiente. Durante as sete horas seguintes, a máquina avança a menos de cinco quilómetros por hora, e sem nunca parar. O único obstáculo foi um vau que exigiu alguma velocidade na subida para a outra margem do riacho.

Em Longa, há poucas pessoas: um comerciante, um administrador e, inesperadamente, dois polícias. A brigada também construiu um pequeno armazém no local e o grupo dos três teve tempo para comer e dormir. No dia seguinte, às quatro e meia da manhã, depois de um pequeno-almoço frugal, partem para o Cuíto-Cuanavale, mais outros noventa quilómetros de estradas de terra e areia. Chegam a meio da tarde.

"Só há um Micano," diz o administrador Pontes ao cumprimentar a família.

A comida é farta e o administrador, que passou a maior parte da sua vida nestas zonas, está bem equipado. Muitas pessoas dependem dele e ele sabe como tirar o melhor partido disso. A sua especialidade é ajudar os bosquímanos a instalarem-se de forma sedentária. São conhecidos localmente por Kamessekel ou Vassekel, no singular ou no plural. O administrador Pontes fala várias línguas locais, incluindo a dos bosquímanos, e o seu principal objetivo é melhorar a vida das pessoas.

"O nosso sucesso são as abelhas, ou o que elas produzem, a cera e o mel," afirma. É o único produto que a província exporta, ainda que em pequenas quantidades, mas o suficiente para mudar a vida de uma pequena nação tribal conhecida pelo seu estilo de vida nómada."

"Se ficarem num sítio, os vossos filhos podem ter uma escola," dizia-lhes ele, embora nenhum Vassekel entendesse o que era uma escola.

A casa do administrador, que também funciona como escritório da administração, não fica longe do último armazém construído pela brigada, e era precisamente isso que o comandante Reis queria ver. Trata-se de um pavilhão novo e comprido, com um só piso. Voltaram a dormir em camas de campanha e o tempo estava seco, embora mais quente do que no Lubango. No dia seguinte, o administrador disse aos dois rapazes, "Vão brincar para ali, que eu vos mando um amigo."

Ali, por trás do novo pavilhão da brigada, ergue-se um pequeno arvoredo num terreno arenoso. Embora não fique muito longe da confluência dos dois rios que dão nome ao lugar, as casas e o grupo de árvores encontram-se num pequeno alto com vista para os dois rios, mas estes não são visíveis do local onde se encontram as árvores altas.

Um rapazinho Kamessekel, da mesma idade dos irmãos, mas muito mais pequeno que eles, chega e aponta para as árvores. Não fala a língua deles, mas isso não é necessário, pois aponta para a copa das árvores, onde muitos pássaros pequenos cantam e voam de galho em galho. Olha para as duas crianças e imita o movimento distinto de flechas a serem disparadas.

"Estou a ver... é caçar pássaros com um arco e flechas." Os visitantes também não falam a língua dos cliques do rapaz, mas isso não é necessário. O jovem Kamessekel mostra aos dois irmãos uma erva fina, longa, dura e seca, com um longo espaço entre os nós. Escolhe uma parte da cana com dois nós consecutivos e parte-a em dois pontos, antes e depois dos nós. Espeta uma bola de cera de abelha numa das pontas e a seta está pronta. João e o seu irmão imitam-no. A seguir, vem o arco e, em breve, todos têm um.

O rapaz dispara a sua flecha e é o primeiro a abater um pássaro, sendo o irmão de João o próximo. Finalmente, João atordoa um pássaro, que cai inerte aos seus pés. Os pássaros são assados mais tarde nessa noite.

A viagem de Cuito-Cuanavale até o Lubango segue a mesma rotina. No entanto, numa paragem aleatória na pequena localidade do Dongo, o Comandante Reis visita o chefe do posto administrativo.[viii]

Embora regressar à Europa não fosse novidade, Dona Isabel chorou quando João lhe disse que tinha saudades da tia Beatriz, a sua nova mãe. Dona Isabel retorquiu e disse, "Eu sou a tua mãe," e João disse o que lhe veio à cabeça, "Ela nunca me bate."

O Comandante Reis leva o seu filho para a capital e, daí, João voa para a Europa, sentindo-se meio feliz e meio triste. Quando regressou à Europa pela primeira vez após a aventura no Cunene, não gostou, porque a longa e exaustiva dor tinha-o assombrado novamente e não queria voltar a passar pela mesma experiência. Tudo aconteceu como antes, não teve dores em Angola, mas estas apareceram assim que entrou no avião e o rapaz começou a acreditar que o país onde nascera não era o seu país.

O Paquete

O verão traz-lhe uma notícia que João não esperava. Desta vez, vai viajar sozinho para África, mas a bordo de um navio de passageiros. Esta mudança distrai-o, pois tudo é novidade para ele. As férias estão próximas e, pela primeira vez desde que vive com os Vasconcelos, não sabe se as deseja ou não. A sua família adotiva está cheia de energia e ele gosta da complexidade das suas relações com eles. Até agora, não há planos para regressar a St Julião da Barra, pois ainda não está calor e a água da piscina nunca aquece como ele gosta. João não está ansioso por viajar mais, pois continua a ser dominado pela dor, mas não quer mais mudanças, está satisfeito com as coisas como estão.

Os rapazes Vasconcelos têm uma espingarda de ar comprimido e João quer experimentá-la. De manhã cedo, levanta-se, sai de casa pela cozinha e percorre as ruas do bairro com a pressão de ar na mão. É demasiado cedo até para os pássaros, mas João insiste e espera junto aos arbustos mais altos que rodeiam alguns jardins. O que ele quer é ouvir os pássaros a saltar de galho em galho. Porém, permanece em silêncio e não encontra nada que lhe mereça a sua atenção.

Volta para trás e ouve um pássaro. Ergue a espingarda e aguarda até o avistar. O pássaro está empoleirado numa árvore do jardim de um vizinho. João decide não disparar e baixa a espingarda.

"Jovem, pare!"

É um agente da polícia.

"Não sabes que não podes andar pela vizinhança com uma arma?"

"Estou à procura de passarinhos."

"Então, queres matar pássaros aqui, onde vivem pessoas?"

"Sim."

"Leva-me até onde vivem os teus pais."

"Eles não vivem aqui."

"Então, onde é que vives?"

"Com um colega do meu pai."

"Leva-me lá."

João leva o polícia durante alguns metros até ao portão das traseiras.

"Eles estão a dormir."

"Tens de os acordar."

João entra no jardim e sobe as escadas até ao local onde o casal dorme. O rapaz não tem coragem de os acordar e fica à porta, à espera que acordem.

Uma hora depois, o casal continua a dormir e João vai ao jardim para dizer ao polícia que ainda não acordaram. Ao chegar ao portão, o polícia já não está. João não sabe o que fazer, se deve contar ao casal o que aconteceu.[ix]

"João, a tua mala está pronta?"
"Sim, tio, está ao pé do carro."
"Vamos lá então."
"João, um adeus caloroso. Adoramos ter-te aqui," diz a tia Beatriz, beijando-o.
"Adeus, tia."
"Muitos beijinhos a todos."

O comandante Vasconcelos acompanha João até ao porto do rio Tejo. O transatlântico atracado no cais tem apenas um ano de serviço e é o melhor de uma frota que apoiam o vasto império. Transporta pessoas que vêm das colónias para passar uns meses de férias na metrópole, mas a maior parte são emigrantes que se dirigem para África.

O comandante Vasconcelos mostra os documentos de João à rececionista e pede-lhe que informe o capitão de que ele já chegou. A chamada é rápida e, logo a seguir, o comandante e João encontram-se na ponte.
"Capitão."
"Comandante."
Os dois oficiais, um capitão de um navio oceânico e o outro da marinha de guerra, cumprimentam-se com um aperto de mão.
"Este é o rapaz de quem falei, que viaja sozinho. É filho de um colega oficial," diz o comandante.
"Prazer em conhecê-lo. Vais ser marinheiro como o teu pai?" pergunta o capitão.
João acena com a cabeça, mas não consegue proferir qualquer palavra.
"Muito bem. Se precisares de alguma coisa, não te faças invisível, vem falar comigo e eu verei o que posso fazer," diz o capitão do navio.
"Obrigado," diz João.

Depois das despedidas, levam-no para o seu camarote. A cabine é pequena, sem decoração, com apenas uma pequena mesa, duas cadeiras e, ocupando a maior parte do espaço, dois beliches duplos. A única luz do sol entra por uma pequena janela circular, que João abre de imediato. Como o quarto não está ocupado, João escolhe a cama debaixo do beliche junto à janela.

Como não há muito para fazer até ao jantar, João decide explorar o navio. Visita todos os conveses, sobe e desce todas as escadas, verifica todas as grandes salas, encontra a biblioteca e passeia três vezes no convés, até se juntarem a ele outros passageiros para desfrutarem da mesma diversão.

Explora os conveses inferiores e sobe até encontrar o primeiro obstáculo: um homem aproxima-se para falar com ele.

"Boa tarde."

"Boa tarde."

"Presumo que seja da primeira classe."

"Não sei."

"Onde estão os teus pais? Este salão está fechado até o navio zarpar."

"Estou sozinho."

"Estou a ver, tens o teu bilhete contigo?"

João mostra o papel que recebeu do comandante Vasconcelos.

"És de segunda classe, não podes entrar nas zonas de primeira classe."

"Segunda classe?"

"Está escrito aqui, hoje em dia chamamos a isso Turística A."

"Eu não sou turista."

"Está à procura de alguma coisa?"

"A sala de jantar."

"Dois andares abaixo, usa as escadas, não os elevadores."

Para João, ser rejeitado num lugar por não ser de primeira classe é uma novidade. O pai dele é de primeira classe e ele próprio testemunhou tal em África no ano anterior, onde toda a gente o tratava como se fosse o homem mais importante do mundo. Agora, João não pode entrar numa sala só porque não é de primeira classe.

João não se detém por causa desta barreira e volta a correr para visitar as piscinas, uma das quais fica no convés superior. Tem de subir umas escadas, mas, quando chega à zona das piscinas, depara-se com um portão trancado. A outra piscina fica no convés inferior, perto do seu quarto. À volta desta, encontrou uma escada que o levaria ao desconhecido, mas estava bloqueada tanto na parte de baixo como na parte de cima. Ao lado, há uma entrada para a piscina que também está fechada, mas não se trata de uma escada. João salta o portão e deita-se na primeira cadeira que vê.

Olha à sua volta e consegue traçar todas as linhas de observação, cruzando-as e identificando um ponto cego. Sem pensar duas vezes, muda a cadeira para lá. Como está sozinho e não quer que ninguém lhe diga que não pode estar ali, por isso murmura, "Este é o meu lugar secreto."

Satisfeito com o seu segredo, regressa a correr para o lado do cais, a poucos instantes de o navio começar a navegar. As pessoas despedem-se alegremente, todos parecem estar em festa e ninguém está sozinho.

Durante o resto da tarde, diverte-se a observar a terra a desvanecer-se no horizonte, os outros navios a escassear, o movimento da água, o sol e o céu azul. Algumas pessoas ficam curiosas por o verem sozinho e João retira-se para o seu lugar secreto e sombrio preferido, junto à piscina.

É hora do jantar e João desce um convés. O refeitório é básico e está quase vazio, exceto por algumas pessoas com fome. Ele senta-se sozinho numa mesa para oito pessoas. A maioria das mesas tem o mesmo tamanho e orientação, paralelas umas às outras, o que lhe faz lembrar o refeitório do Colégio Militar. Olha para o tampo da mesa e pensa que é de chapa de ferro ou aço inoxidável.

Come o que quer, mesmo que a comida não seja do seu agrado, e regressa à sua cama.

"Quinze dias sozinho," diz João, enquanto tira um livro da mala. Lê até se cansar, fecha o livro, feliz por estar sozinho naquele quarto quase militar, e adormece profundamente.

No dia seguinte, de manhã cedo, o navio chega a Madeira, uma ilha ao largo da costa africana. Os passageiros têm tempo para visitar a cidade. João junta-se a alguns deles e passeia pelas ruas de entrada ou saída da cidadela. A certa altura, corre com os tobogãs que transportam mercadorias e pessoas do cimo da colina. As engenhocas não têm rodas nem motores e ele pergunta-se como é que as fazem subir a colina.

Regressa ao navio antes do almoço. O pequeno porto transformou-se, parece caótico, 'Está todo cheio de tralha,' pensa João descuidadamente. Olha melhor e vê inúmeros passageiros a entrar no navio, "Mas não são os mesmos, são novos!" diz, tremulamente, "Não gosto destas pessoas."

As pessoas que embarcam são barulhentas e vestem roupas estranhas, na sua maioria gastas ou velhas. Ninguém no seu perfeito juízo as usaria. As mulheres estão demasiado vestidas e gesticulam como se fossem loucas, e as crianças atrás delas parecem nunca ter tomado banho. João não gosta do que vê, o cenário faz-lhe lembrar as pessoas más que viu na rua do elétrico.

João fica chocado quando entra na cabina. Há três homens dentro dela a ocupar o pouco espaço disponível. A mesa, as cadeiras, o espaço debaixo dos beliches e todos os cantos estão ocupados por grandes sacos ou pacotes de lixo desconhecido, quase todos embrulhados em lençóis com os quatro cantos amarrados no topo.

Os homens ignoram-no, e ele ignora-os. O rapaz ouve os homens a conversar, mas não consegue compreender o que dizem. Começa a espalhar-se no quarto um cheiro que não consegue identificar. João tem vontade de vomitar, abre novamente a janela e sai do quarto.

"É pior do que estar com a... coisa," corrige João, por não lhe parecer apropriado.

Sou de Segunda Classe

Já não explora nada, perdeu toda a vontade de procurar novidades. Deixou de acreditar em novas experiências no navio, porque agora cada uma que terá de enfrentar acredita que será pior que a anterior.

As horas passam e João, que nunca faltou a nenhuma refeição na sua vida, nem sequer considerando a greve de fome, dirige-se para o refeitório. Está repleto de gente. A confusão e o barulho são avassaladores, há muitas famílias com crianças, muitas das quais ainda são bebés, e todas a chorar. A tagarelice não para, é absurdamente alta e João perde o apetite. Deixa o refeitório sem comer e refugia-se na piscina. O terraço está fechado aos passageiros, não há ninguém por perto, salta o portão de novo e senta-se na sua espreguiçadeira escondida.

Quando chega a hora de dormir, João abre a porta do seu quarto com muito cuidado para não incomodar os homens, mas os três não estão lá. Tem uma reação imediata e entra em desespero, ficando paralisado de pânico. Não se sente bem. O cheiro que tinha deixado para trás é agora um fedor pungente impossível de suportar.

Os homens regressam e, como antes, ignoram a criança. Falam uns com os outros e, em certos momentos ou durante breves pausas na conversa, João consegue compreender algumas palavras familiares.

Um dos homens olha para o rapaz e pergunta-lhe numa língua que João finalmente consegue entender.

"Onde é que vais?"

João olha-o com atenção, vê que o homem não é perigoso nem rude.

"Lobito."

"Pareces rico, quem és tu?"

"Pois."

"Vamos para a África do Sul. Todos os que estão no barco vão para lá, que é muito melhor do que o teu país."

"O meu país?"

"Tu vais para lá."

"A minha família vive lá."

Os homens despem-se. Primeiro, tiram os sapatos. Alguns segundos depois, o enjoo de João intensifica-se, o cheiro repugnante toma conta da sala e João tem um novo reflexo automático de vómito. Para de respirar e sai a correr do quarto.

Não contou o número de vezes que correu à volta do navio. Quando se acalma, salta o portão da piscina e cai na sua cadeira sala vidas. Só adormece quando os seus devaneios se dissipam, mas não sem antes perguntar ao pai porque é que lhe comprou um bilhete de segunda classe.

João tem sorte, é verão, o navio está a aproximar-se do equador e as noites estão a ficar mais quentes.

No dia seguinte, pede para falar com o capitão.

"Sim, meu filho."

"Posso ter um quarto só para mim, estes homens são demasiado grandes e não me sinto confortável na mesma cabine que eles."

"Alguma razão?"

"Capitão, eles cheiram mal, não posso lá estar."

"Jovem, receio que o navio esteja cheio e não temos um camarote vazio para si. Se houver um disponível, eu chamo-o."

A piscina está cheia de pessoas que ele não conhece e João procura um canto isolado onde possa ler sem ser incomodado. Está absorto na leitura do seu último livro, Catch-22, que João traduz como 'Preso por ter ou não ter cão.'

João acredita que está a viver como se estivesse a viver dentro de um livro, com tantas coisas a acontecer de todo o género e confusão. Para ele, ninguém consegue suportar tantas coisas desagradáveis como ele já enfrentara na sua vida, por mais curta que fosse.

"Se ao menos eu pudesse mentir!" grita ele.

João está com fome e a sua mente está fraca. Não gosta de o dizer, mas desde que vive com a tia Beatriz, está sempre ansioso pela refeição seguinte. Ao contrário de Dona Isabel, para quem as refeições só serviam para o manter vivo, ele precisa de energia física e mental, de preferência com respeito, a última palavra que aprendeu com os Vasconcelos, mas que, infelizmente, não compreende.

"O refeitório é horrível. Não posso ficar aqui!"

João aguarda até estar bastante tarde para entrar na sala barulhenta, mas calculou mal a multidão: todas as mesas estão ocupadas. Um empregado aproxima-se e João tenta fugir.

"Ei, espera, queres comer, certo?"

João para e não diz nada.

"Há um lugar naquela mesa do meio."

João não quer sentar-se em lado nenhum e sente-se mal outra vez.

O empregado agarra-lhe o braço e puxa-o para uma mesa ocupada por uma família de sete pessoas. Há a mãe com um bebé pequeno, duas crianças pequenas, um rapaz e uma rapariga da mesma idade. João senta-se num canto em frente da mãe e ao lado de um homem que ocupa dois lugares com os braços e os cotovelos estendidos. João pensa que aquele homem é provavelmente o pai.

A comida tem um aspeto horrível, mas ele tem de a experimentar. A mulher diz qualquer coisa e o homem ao seu lado responde na mesma língua que os homens do camarote falam. João não consegue perceber o que dizem. O homem volta a falar e João concentra-se o mais que pode nas palavras, mas apenas porque o homem não está a olhar na sua direção. Reconhece algumas palavras, mas não o suficiente para compreender o contexto.

A mãe é uma mulher grande. Embora o refeitório esteja muito quente, ela veste roupas grosseiras e descoloridas que cobrem todo o corpo, incluindo os braços. Também usa um lenço na cabeça, por baixo do qual se vê apenas um pouco do seu cabelo.

Tem um bebé em cima da sua barriga inchada e segura-o junto contra a borda da mesa. A mulher afasta o prato e o copo que estão em frente dela para o lado e grita para a filha que, assustada, os afasta ainda mais rapidamente. A mãe toca no rabo do bebé, mas não diz nada. Depois, levanta o bebé acima da cabeça, olha para a mesa e sopra as migalhas de pão na direção de João. Depois, com um gesto protetor, coloca a pequena criatura lentamente em cima da mesa. O bebé faz gestos em frente ao prato do João, mas não chora. João fica hipnotizado, sem conseguir desviar o olhar da pequena criatura.

A mulher retira um manto curto que lhe cobre os ombros, revelando um vestido abotoado até ao pescoço. Com precisão, ela desabotoa o vestido até à barriga, abre-o, dobra o lado direito do vestido e, com a mão esquerda, tira o seio direito para fora do vestido. João já tinha visto Dona Isabel a amamentar muitos bebés, mas nunca a tinha visto partilhar uma cena maternal de forma tão aberta.

O peito da mulher é enorme, largo e comprido, e parece muito pesado. Ela segura-o no ar e, depois, olha para o bebé. Parece indecisa, tira os olhos do peito e olha novamente para o bebé e, depois, para a mesa. Como se não pudesse esperar mais tempo, ela atira o peito sobre a mesa, onde se espalha pelos lados como massa de pão achatada.

João vê o volumoso tecido humano cair sobre a mesa com um estalar metálico e não consegue acreditar no que está a ver. Na parte da frente daquela massa espremida e estendida, quase oculto por baixo, vê uma grande auréola e um mamilo a jorrar leite. A mulher pega na pele gordurenta e verifica onde está o mamilo. Depois, vira o bebé e ajuda-o a encontrar o leite.

"Capitão, não posso tomar as minhas refeições naquele refeitório."
"Porquê?"
"Não consigo comer bem, há demasiado barulho."
"Está bem, vou abrir uma exceção e poderás vir comer a um dos nossos bons restaurantes. E um dia serás convidado a comer à minha mesa."
Não se tratou de um favor, João foi enviado para tomar as refeições no refeitório da segunda classe, quando antes as tomava na terceira classe. Assim que descobriram, foi-lhe dada uma pequena mesa só para ele. Durante os dois dias seguintes, absorveu a comida, as sobremesas e o ambiente, que era mais o seu. Nunca tirava os olhos dos pratos, mas, quando o seu stress finalmente passou, atreveu-se a olhar para os outros passageiros. Infelizmente, não havia crianças da sua idade no restaurante, nem sequer uma.
O capitão não se esqueceu dele e convida-o para jantar numa sexta-feira.
Após concluir as refeições, João estabelece uma rotina saudável: primeiro, nadar de manhã cedo, antes que os exibicionistas se apoderassem da piscina, e depois tomar um duche. Seco, dirige-se a um dos seus lugares preferidos para ler as peripécias do seu autor preferido e divertir-se com os nomes das pessoas, como um Major do exército com o apelido Major.
À noite, a sala de convívio está sempre aberta e João entra sorrateiramente nela para observar as pessoas a dançar e a divertir-se. Como não gosta de ficar muito tempo no mesmo sítio, ninguém lhe faz perguntas. Quando o navio está relativamente calmo, patrulha o convés até não restar ninguém junto à piscina, salta o portão e vai dormir.

Na sexta-feira, João espera que os homens saiam da cabina e, depois, veste a roupa lavada. É difícil, mas tem de o fazer.
No jantar com o capitão, fica envergonhado.
"O meu convidado mais novo tem apenas onze anos e viaja sozinho," diz o capitão.

As seis pessoas que estão a cortejar o capitão olham para João, que desvia o olhar.

"Ele é tímido, mas muito querido," diz uma senhora.

"Tens saudades dos teus pais? Eles estão à tua espera?"

"Ele é aluno do Colégio Militar e sou o seu tutor nesta viagem."

"Oh, você é tão bom, um capitão tão bom," diz uma mulher.

"Estás tão longe da tua família, tenho a certeza de que eles sentem a tua falta," diz uma segunda senhora.

João encolhe os ombros.

"Oh, tu gostas de férias... Não importa, todos nós gostamos das nossas férias."

"Tens um livro contigo, o que estás a ler?"

João mostra a capa.

"Mas este é um livro para adultos," diz um homem mais velho.

"É sobre a guerra, eu sei tudo sobre isso."

"Bem, não é a mesma coisa que a tua escola militar."

João olha fixamente para o homem e percebe que ele não faz a mínima ideia sobre o colégio e a vida militar.

"É divertido."

"Ah! Percebes tudo o que lá está escrito?"

"Se não percebo, salto as linhas."

"Ah!"

Comer é demasiado doloroso para ele. João não consegue concentrar-se na comida, pois não quer perder nada. Espera pelos segundos e terceiros, mas toda a conversa à mesa o distrai quando quer pedir mais ao empregado que os está a servir. Quer a sobremesa, que não lhe é dada quando come sozinho.

"Jovem, coma uma banana."

"Obrigado pela oferta, mas não gosto de bananas."

"Oh, não se pode ir para África e não gostar de bananas. De que mais é que não gostas?"

Era a pergunta favorita de João.

"Batatas fritas."

"Mas toda a gente gosta de batatas fritas."

"Eu não, mas gosto delas na praia."

"Ah, estou a ver, aquelas estaladiças e salgadas."

"Sim, são boas!"

Quando o navio atravessa o equador, os passageiros da primeira classe organizam uma festa junto à piscina, à qual alguns passageiros da segunda classe se juntam. Vestem-se a rigor e divertem-se na piscina. João não está contente, pois estão a sujar a piscina, que ficará interditada no dia seguinte. Não que ele se importe, afinal o tempo mudou nos últimos dias.

As manhãs estão a ficar mais frias e mais húmidas. Por isso, João trouxe alguns cobertores extra para se cobrir. A mistura de ar saturado de humidade e a brisa do mar não é boa para o rapaz sem-abrigo. João tem pulmões fracos e agora sabe que, quando sente uma sensação que sobe e desce pelas costas, semelhante a cócegas na espinha, significa que os seus pulmões estão infetados.

Dois dias depois, o transatlântico chega a Luanda e alguns passageiros desembarcam. Um funcionário diz-lhe, "João, não podes ir para a cidade, é demasiado perigoso para ti, pois não tens ninguém que se responsabilize por ti."

"Oh! João, boas notícias! Tenho uma mensagem do capitão, vais ter uma cabine só para ti esta noite."

O homem olha para o jovem e, sem conseguir controlar os lábios, diz ao rapaz, "És um rapaz de sorte, nunca vi o capitão fazer isso antes. Vejo que o teu pai é uma pessoa importante."

É a segunda vez durante a viagem que o comandante Reis é mencionado como uma pessoa importante, que ele é mesmo de primeira classe. Primeiro, quando o Comandante Vasconcelos falou com o capitão do paquete, e agora este homem diz-lhe que o seu pai também o é.

João recebe a nova cabine, entra, fica satisfeito por não ver outras malas lá dentro e corre para o quarto malcheiroso. Para à porta. Prepara-se para ir buscar a mala. Inspira três vezes seguidas rapidamente e uma vez, lentamente, como se estivesse prestes a fazer um exercício importante, e sem esperar abre a porta.

Ignora os três homens. Sem respirar, apressa-se a tirar a mala de debaixo da cama, sai do quarto e fecha a porta. Respira fundo. Nessa noite, pela primeira vez em catorze noites, João dorme numa cama a sério.

No dia seguinte, o navio chega ao Lobito e o comandante Reis está lá para o receber.

"Fizeste uma boa viagem?"

"Sim."

João janta com o pai num restaurante considerado o melhor do país. Os dois estão alojados no Hotel Términus, também conhecido como o melhor hotel do país, que recebe pessoas importantes da região ou viajantes ricos dispostos a passar um dia e uma noite inteiros num comboio através de Angola a beber bom uísque, para chegarem ao interior do continente, para além das fronteiras. A maior parte segue para o Katanga, mas muitos vão para a Zâmbia.

Às quatro e meia da manhã, o pai do João, que viaja em primeira classe, e o filho, que viaja em segunda classe, partem juntos para o Lubango.

Sem paragens, não trocam uma palavra durante as muitas horas de viagem até à casa da família. Sob todos os solavancos do jipe, a criança não para de murmurar, 'Eu sei que sou de segunda classe, eu sei que sou de segunda classe, eu sei que sou de segunda classe.'

JOÃO e FAÍSCA

1962

Os Bons, os Maus, os Imperfeitos

Os resultados dos exames em Portugal correspondem às expectativas de João: tinha reprovado numa disciplina e, para poder passar para o ano seguinte, terá de repetir o exame no final do verão e obter aprovação.

João sabe, exatamente, por que motivo foi reprovado. Não se desculpa por saber que as permanentes dores na 'barriga' que o assolaram em toda sua vida não o ajudaram. Lembra-se de quando era mais novo e brincava com os vizinhos aos cowboys e índios, e ele era sempre um índio Apache, e estes não gritavam quando eram mortos ou feridos.

Já tinham passado doze anos desde o dia que foi ferido para sempre, o dia do seu nascimento, e não tem de se queixar de nada.

Porém, as regras são diferentes nas escolas civis, onde os alunos podem falhar uma disciplina e, mesmo assim, passar de ano. Além disso, sem que João soubesse, a educação dele na Europa estava a tornar-se um fardo para todos, incluindo para os Vasconcelos, onde esteve nos últimos dois anos. Nunca fora planeado que João ficasse com eles de forma permanente. Além disso, a Dona Isabel, a Amélia, o Sr. Francisco e Manuel (com a idade de João) tinham nove crianças para cuidar e era muito mais fácil cuidar de todos num só lugar.

João nunca soube quais as razões que os pais tinham para a sua ausência, mas desde os cinco anos de idade que sabia exatamente o motivo. O internato fora somente um dos meios para o manter ausente, infelizmente muito caro.

Os Vasconcelos disseram aos pais de João: "Ele é um bom rapaz! Não tivemos um único problema com ele." O Comandante Reis e Dona Isabel decidiram assim que João terminaria a sua carreira de aluno do Colégio Militar na Europa e diligenciaram a transferência dos seus documentos para o liceu local.

D. Isabel disse a João que este iria estudar ali, no Lubango: "João, não te vamos tirar da escola, mas achamos que é melhor para todos estares aqui."

"Ainda bem, gosto mais daqui," respondeu, surpreendendo D. Isabel, que esperava uma das suas típicas expressões impenetráveis ou de revolta.

A única razão pela qual João gostava do Lubango é que, pela terceira vez nos últimos tempos, mas apenas em África, as suas constantes, excruciantes dores, cegas ou invisíveis para os outros, desapareceram. A segunda razão são os seus amigos, principalmente Faísca.

Visita a oficina da Brigada. Não há nada de que goste mais do que de ver madeira e ferro a ganharem forma. Pode observar as simples jangadas de bidões a serem montadas, os barcos de carga longos com motores centrais para utilização em águas pouco profundas, os estranhos equipamentos que parecem torpedos a serem inspecionados, todos os jipes Nissan Patrol e os Unimogs a serem modificados e as máquinas a fazerem ruídos que não o irritam.

João gosta de ferramentas, de fazer coisas, de mudar coisas, de construir coisas, mas, pela primeira vez na vida, sente-se fascinado pelas pessoas. As pessoas na oficina não gritam, nem se batem. Riem-se a maior parte do tempo, mesmo quando estão a trabalhar arduamente. Faísca, Marcos e Domingos divertem-se com as suas piadas, enquanto o Sr. Júlio, o chefe da equipa de ferrugem, fica muitas vezes corado, especialmente com as piadas de Marcos, que são um pouco sugestivas demais.

"Eh, eh... Baixa a voz, há pessoas a passar." Imagina que te ouvem, Marcos!" diz o Sr. Júlio quase automaticamente, embora o repita uma e outra vez.

"Nenhuma escola é como nenhuma escola," acrescenta Faísca, sublinhando a negativa dobrada.

"Faísca, tu contas essas piadas na tua escola?" pergunta o Sr. Júlio.

"À frente das raparigas não!" diz Faísca, tentando lembrar-se de alguma vez ter contado uma piada inapropriada para os ouvidos das suas colegas de turma.

"A Ana matar-me-ia!" acrescenta.

"Elas fazem isso sim, elas fazem isso!" diz o Sr. Júlio em voz baixa. A mulher do Sr. Júlio teve um bebé recentemente e, com duas crianças, tem pouca vida social, mas mantém o marido sob controlo.

"O João está aqui, acabaram-se as brincadeiras!" ordena o Sr. Júlio.

O rapaz de onze anos já tinha ouvido todas as piadas e mais algumas, mas, como não tinha experiência de vida para perceber as insinuações nelas contidas, faz o que faz quando lê livros complicados, salta as linhas que não entende.

"João, que tal juntares-te a nós para almoçar?" pergunta Domingos.

"Um dia," responde João.

Ele não pode, pois Dona Isabel não gostou quando ele lhe disse que queria almoçar com Faísca e Domingos. Ela queixou-se, ou melhor, contou ao Comandante Reis, que reagiu zangado, não por causa do que o João tinha pedido, mas porque tinha de ser ele a repreender a criança, por um assunto que não era mau, mas forçando-o a ser leal para ela.

"João, o teu lugar é em casa, com a tua mãe e o teu pai."

A última negativa do Comandante Reis não incomodou João, que prefere a comida do Chefe Francisco. Não fica aborrecido por não poder almoçar com Faísca e Domingos, pois pode passar com eles o tempo que quiser, durante a semana. Demora cinco minutos a chegar a casa a tempo da refeição e o horário rígido em casa dá-lhe a certeza e alguma margem de manobra. Os amigos já sabem do horário e avisam-no sempre da hora, dessa maneira, ele pode estar com eles e ouvir as últimas histórias.

De certa forma, eles também gostam de João. Gostam de o ver de boca aberta, quando ele se torna parte das suas histórias.

"Faísca, ele é tal e qual como tu eras no Chitado, não é?" diz Domingos, entre gargalhadas.

Ainda assim, o momento preferido do João é explorar o espaço para além dos limites claros da cidade ocupada. Ele sabe que a terra das redondezas não pertence a ninguém, e que os caminhos que ele e os cães, Cuanza e Huíla, atravessam, são apenas caminhos de passagem para os Mumuílas, o povo que vive nas montanhas e que vem visitar a cidade.

João não sabe que Domingos nascera nessa tribo e que fugira deles, por os terem entregue a um mau patrão quando era criança.

"Eles vêm aqui pelo vinho," disse Faísca, num tom que não inspirava grande confiança.

"Lembras-te dos nossos Kuynhamas?" acrescenta Domingos.

João tinha ouvido falar deles. Não percebia do que estavam a falar, mas a súbita mudança de humor apanhou-o de surpresa. Os três pararam de falar e, de repente, Faísca anunciou os seus pensamentos sobre o povo tribal visitante. Ele estava a pensar na quase completa nudez deles, visitando a cidade e o vinho.

"Eles são adultos; podem decidir o que é melhor para eles."

"A minha irmã disse-me que eles são natureza," João diz aos dois homens, que são, neste momento, as pessoas mais importantes da sua vida.

Domingos olhou para João, sorriu e convidou Faísca a continuar.

"Podes dizê-lo... Sim, eles são."

"Eles não mudaram, fomos nós que mudámos," diz Domingos.

"Ah, então... A vossa família?" continua João, alongando a frase.

"Sim, João, eu não nasci Kuynhama, eu nasci Mumuíla!" Domingos esclarece. A minha família mandou-me embora para aprender outras coisas, e acabei no Cunene, onde encontrei a minha nova família. Eles são o Faísca, aqui, e dois amigos, ou um casal, que vivem em Moçâmedes."

"Não vês a tua família?"

"Nem sequer sei quem é a minha família..." Já nem sequer falo a língua deles, embora a compreenda um pouco." Escolho os meus amigos. Escolho a minha família, e sou feliz."

"Tal como tu, também quero escolher a minha família. Eu escolho vocês."

Domingos e Faísca trocaram olhares e mudaram imediatamente de assunto. Domingos sabe como.

"Hoje, as longas tesouras do alfaiate vêm dos cumes das montanhas longínquas, por detrás da nossa montanha rasa, que se está a desfazer, envergonhada, e vêm, lentamente... voando, devagar, devagarinho, cada vez mais para baixo, para encontrar um buraco fundo e mole, onde se podem esconder para..."

Domingos desce a mão de cima para baixo, e dá uma pancada no estômago de João.

O rapaz ri-se e sai a correr.

"Vejo-vos amanhã."

O Cunene de Africa

"João, prepara-te! Partiremos para Cunene pela manhã," diz o Comandante Reis. A ordem é clara: a criança sabe que tem de estar pronta às quatro e meia da manhã.

A boa notícia é que Faísca vai com eles, no novo jipe modificado pela BERA. Na noite anterior, Faísca e a equipa de apoio tinham preparado o carro para a viagem. As bikuatas, tendas, comida para pelo menos sete dias, tudo o que podiam imaginar, estava bem preso na nova caixa longa do jipe. Um guarda tomara conta do carro durante a noite, mas Faísca mandara-o para casa há alguns minutos.

Ainda estava escuro, quase 4h30 da manhã, ele podia ver algumas luzes acesas na casa Maria de Lurdes, em breve o comandante e seu filho sairiam.

Ele estava orgulhoso de mostrar o carro, tendo participado da sua transformação e sabendo o que a equipa tinha feito nele. O Nissan Patrol, um modelo recentemente criado pelos japoneses, tinha sido cortado ao meio, ampliado com uma caixa de carga mais longa, para comportar seis vezes a carga original, e adaptado para aceitar as novas rodas grandes dos Land Rover, eixos centrais e suspensão novas. Foi a primeira modificação deste tipo no mundo dos novos Nissan Patrol. Agora, estão prontos para se revelarem no mato, usando a potência do seu motor potente original, infelizmente sedento de gasolina," pensa.

"Bom dia, Faísca."
"Bom dia, Comandante."
"Bom dia."
"Bom dia, João."

O Comandante Reis conduz em silêncio, e João pensa que está a repetir a viagem de Lobito a Lubango, durante o cacimbo, quando o Comandante Reis o foi buscar, ou quando ele chegou no navio de Lisboa, após outro ano fora, dois anos no total. Eles não trocaram uma palavra durante as longas viagens. O seu pai está cheio de trabalho, e João sente-se culpado e um fardo para ambos os seus pais.

João está bem ciente de que o seu pai está sempre ocupado, traçando mentalmente tudo o que vê. Provavelmente sobrecarregado com outros problemas, mas o seu pai era firme como uma rocha e era impossível ler os seus humores e pensamentos.

A BERA utiliza os mais recentes limnígrafos e outras máquinas especializadas, adquiridas pelo Comandante na Europa, bem como os primeiros barcos e jangadas, construídos nas instalações da BERA. Todo o equipamento requer boa formação e melhor manutenção.

João não sabe, ou antevê, o que o oficial naval pensa.

A atividade mental do Comandante é simples: está a rever mentalmente todos os detalhes da nova missão no rio Cunene, recordando todas as etapas do trabalho de campo, ou se o último relatório que recebera sobre o rio Cunene só mostrara que o pessoal não tinha sido meticuloso suficiente com o registo manual dos dados, ou se o equipamento, muito moderno, tinha adquirido estava deficiente.

O Comandante Reis percebia sempre o quão tenso o seu filho mais velho estava ao seu lado. Com tantas falhas potenciais possíveis na sua nova função, não tinha paciência nenhuma para compreender o rapaz: 'Ele é demasiado sensível, artístico e sempre a inventar ou a construir coisas, mas completamente desfasado junto às pessoas,' pensa.

João sabia que tinha ido com o pai para ficar longe da mãe que, após dois anos sem ele, ainda não o queria em casa.

A mãe dele tinha dito ao Comandante Reis, desde que João era bebé, que a criança, o primeiro rapaz de que o oficial da marinha esperava tanto, precisamente por ser rapaz, era impossível, e o Comandante Reis acreditou nela. João veio com ele para estar longe da mãe. Este não se importava, sabia que o pai estava a proteger a mãe dele.

Não havia motivo para isso, João passara dois anos com os Vasconcelos e nunca houve uma única discussão, problema ou situação que pudesse comprometer o relacionamento dos Vasconcelos com o seu pai, a sua mãe, mas principalmente, com ele. Ele adorava o casal.

Faísca, por seu lado, olhando para esse rapaz triste, espera que João fale primeiro, seja com ele ou com o seu pai.

Ele reflete sobre a sua vida, que tem sido tranquila e frutífera, desde que voltou do Congo e a polícia política o libertou, sob a custódia de Santos e do Comandante.

A sua vida mudara de maneira que ninguém poderia imaginar. O seu trabalho era eficaz, o Sr. Júlio é um amigo verdadeiro e um chefe de oficina muito bom, os seus amigos são leais e engraçados e o trabalho tem sido incrivelmente criativo. Há sempre muitas coisas novas para fazer, mas, principalmente, muita manutenção, porque a rotina faz parte do seu desenvolvimento.

Ele sabia que teria de deixar a BERA, mais cedo ou mais tarde, porque obteve a oportunidade de se matricular e está agora a estudar numa escola comercial, não muito longe da BERA.

Faísca sorri: conheceu lá uma rapariga bonita, com cabelos longos e lisos e com um sorriso bonito e sincero. Ela nasceu em Angola, tal e qual a sua segunda mãe, e os dois namorados tinham um bom pressentimento sobre o futuro do país. Ela estava cheia de aspirações, e lembrava-lhe os melhores momentos que ele tinha passado com a sua mãe e Dona Teresa. Havia diferenças: Ana preferia música brasileira, mas ele ensinou-lhe todos os tipos de danças que conhecia e agora ela também adora os passos cabo-verdianos.

Faísca é cauteloso em relação à sua namorada, ela é tão corajosa como a Dona Teresa e a Mãe Maria, mas sabe que o teste da vida é ter as três mulheres que ama juntas, e saber o que a sua mãe e Dona Teresa pensam dela. Ele não se sente fraco por acreditar que a opinião das suas duas mães é o fator mais importante em qualquer decisão que tome na sua vida futura, incluindo o casamento.

Mas não tem sido fácil, a maior parte da cidade não tem o ambiente social positivo que a BERA proporciona, agora, já está convencido que, socialmente, BERA é uma bolha ideal, e ele sabe porquê, pessoas como Santos e Reis fazem a diferença, mas não são a maioria no país.

O tempo que passou acorrentado a uma árvore deu-lhe uma enorme tolerância para com o mal e a estupidez humana, mas vê isso como uma realidade que tem de ser mudada. A Mãe Maria, Dona Teresa e o seu avô sabiam disso também, e ele poupara Ana, a sua namorada, nunca lhe contando o que se tinha passado, mas ela sabia instintivamente que havia um segredo no seu passado.

Os bandos racistas que apareceram na cidade do Lubango ultimamente, fizeram-no ciente da fragilidade social onde vive, bem como a realidade do mundo, por causa da sua própria experiência no Congo.

Embora a prisão tivesse consumido um pouco do seu humor, o seu carácter era basicamente o mesmo, e as pessoas gostavam dele naturalmente. O seu corpo grande e musculado ajudava-o muito também, embora ele não soubesse disso.

Faísca e João

Até ao momento, eles tinham atravessado o Cunene três vezes.

João está cansado. Foram, até agora, quatro dias de silêncio e solidão. Sem vida selvagem, África pode ser muito aborrecida, especialmente quando a maior parte da paisagem semiárida que viu é feia e muito pobre, e foi exatamente isso que aconteceu durante esses dias, não havia nada para ver e nada para conversar. Tudo o que vira até então tinha sido pobreza, pouca ou nenhuma vegetação e nenhum animal selvagem. O rapaz agora compreendia que trabalho pode ser exigente e difícil. Ele olha para o pai, que interrompe as suas reflexões.

"Tem que ser feito!" diz o Comandante Reis, adivinhando o que o seu filho estava a pensar.

"João, tudo bem?" pergunta Faísca no meio do barulho.

O Comandante pensou que a pergunta era para ele e respondeu, sobre o trabalho: "Está tudo bem. Foi apenas muito barulho por nada. É assim que as coisas são hoje em dia."

"Vamos para casa?" pergunta João.

"Vamos parar primeiro em Chitado, veremos depois," disse o comandante, "tenho alguns assuntos pendentes lá."

Chegaram a Chitado antes do meio-dia e almoçaram com o Administrador.

"Meu amigo, lembra-se daqueles mapas antigos que me mostrou da última vez?"

"Sim, Comandante," o Administrador, nervoso, respondeu educadamente.

"Preciso de um favor."

"Qualquer coisa, Comandante."

"Quero levar esses mapas comigo, para poder copiá-los."

"São grandes."

"Comprámos equipamento novo para fazer mapas, e também para os reproduzir."

"Estes mapas são antigos, alguns deles não nos pertencem."

"Exatamente, preciso de comparar todos os mapas que pudermos."

"Sem problema, Comandante."

"Também vou precisar de uma mesa e algum espaço para trabalhar esta tarde."

"Ao seu dispor, Comandante."

"Ótimo."

O Administrador sabia que a letra salarial do funcionário do comandante era a mesma de qualquer governador do país, e todos os funcionários sabiam disso.

Faísca e João esperam do lado de fora por mais informações, e as obtêm da melhor maneira possível.

O Comandante aparece de surpresa e, sem se perturbar, estabelece: "Faísca, encontre um local para montar as tendas e volte antes do pôr do sol."

Faísca conduz o jipe até um campo junto a um rio seco, com algumas árvores no lado norte.

"Vamos acampar aqui."

Faísca escolheu uma clareira sem relva, apenas com alguns pedaços de madeira espalhados, como se o local tivesse sido uma pequena casa.

As tendas são grandes, de estilo militar, cada uma com espaço suficiente para duas camas de campanha, seguras e altas, feitas de madeira e lona, ou burros do mato, como as pessoas do Sul as chamam. João tem dormido na mesma tenda que Faísca porque o Comandante Reis fica sempre a trabalhar até tarde na sua tenda.

Faísca sabe exatamente o que tem de fazer, e João, como sempre, está disposto a ajudar.

"João, vai buscar toda a madeira solta que encontrares e tem cuidado com cobras e escorpiões, faz o que te ensinei."

O ex. aluno do Colégio Militar pega numa longa vara de metal na parte de trás do jipe e vasculha a área, movendo cuidadosamente cada pedaço de madeira que encontra antes de a pegar e carregar com ela rapidamente até que Faísca lhe diga para parar.

Livre das suas tarefas, o menino aproxima-se de uma fileira de arbustos que parece ser uma cerca natural. Examinara as plantas enquanto recolhia madeira, os arbustos eram muito verdes para a área, e por isso quis explorá-los. Caminha na direção deles e encontra um canal, ou um estranho rio estreito sem água. É um riozinho seco, já ouvira falar deles. Caminha na areia fina, parcialmente coberta de folhas e caruma seca. Curioso, imagina água a correr de algum lugar, levando todos os vestígios de folhas mortas, limpando a areia por debaixo delas.

João segue pelo canal estreito e fundo, sentindo a areia com os sapatos. Não a calca tão profundamente quanto esperava, e imagina que deve haver água sob a superfície, tornando a areia húmida e dura. Examina o leito acima em direção às árvores e arbustos, mas sente-se receoso, é o único lugar onde espera ver o inesperado, como animais a esconderem-se do sol muito forte, se bem que ainda é a estação seca e os dias não são muito quentes, "mas o sol é muito forte!"

A natureza tem o condão de surpreender as pessoas, não apenas com a sua beleza ou feiura. Infelizmente, as leis da Natureza que deveriam governá-la nem sempre são seguidas logicamente, e foi isso que João descobriu. Entre os arbustos e árvores que quase formavam um túnel sombreado nesta área, João encontra uma árvore erguendo-se desafiadora no meio do rio seco. É como se tivesse sido plantada no meio de uma rua, sem se intimidar. Não havia carros ali. A árvore não tinha medo das enchentes regulares que a natureza das chuvadas traz a cada ano.

O rapaz aproximou-se para inspecionar a árvore. Há muito espaço para a água passar em ambos os lados da árvore, e não vê nenhum afundamento na areia causado pela água que passa pela parte inferior traseira do tronco. A água não cava as raízes, e a árvore não cai. No topo dela, logo abaixo da copa, vê um cacho de frutos grandes, desde os mais pequenos, no topo, ainda verdes, até aos bem grandes, na parte inferior, que estão a ficar amarelos.

"Uau!" João nunca tinha visto antes frutas tão enormes empilhadas em cacho.

"Ainda não vi nada no Cunene: nem leões, nem chitas, nem hienas, nem cobras, nem hipopótamos, nem crocodilos, songos, sengues, guelenges, ou nenhum outro antílope, mas descubro um esconderijo de frutas exóticas, grandes, estranhas e douradas," murmura, e continua: "Ah, cheguei a África, encontrei tudo danificado, vazio, na sua maioria é tudo feio, nada construído, não vivi aventuras reais, e de repente descubro uma árvore no meio de um rio que estava à espera de ser encontrada por mim," murmura.

João volta a olhar para o topo do tronco.

"Tem frutos enormes!" diz João, como se tivesse entrado num novo paraíso na Terra pela primeira vez.

O dia passa tranquilo, não há brisa, mas João ouve um barulho. Provavelmente, é um grande inseto assustador a mover-se pela relva seca, ou algo menos animado, um galho ou ramo caído, solto do topo da árvore pela última tempestade.

"Começou a soltar-se há muito tempo, agora está tudo seco," pensa. Ouve mais sons, que parecem ser vozes humanas.

João olha para a árvore, como se ela tivesse falado, e desvia o olhar por um segundo. Paralisado de medo, olha novamente, desta vez para a fruta exuberante, e, sem contemplações, a árvore à frente dele fala para ele: "Sim, o rio é meu! Fica onde estás, não avances mais!"

A árvore, que está plantada no meio deste riacho temporário, ousou ordenar-lhe para parar e não continuar. Em vez disso, João responde nervosamente: "Estás aqui por mim, estiveste à minha espera, ninguém sabe de ti, tens todos estes frutos só para ti, agora são meus, encontrei, não roubei, quero um deles, o mais maduro, diz-me como o posso pegar, pelo menos um para levar comigo?" Quero que a minha mãe me ame, os teus frutos são feitos de ouro, ela vai adorá-los."

Distraído pelo barulho das folhas a ranger, fala alto, para que alguém escondido nos arbustos possa ouvi-lo: "Eu poderia construir barragens aqui, para vocês todos ficarem longe. Eu sou o mais forte!"

O menino não gosta de misturar fantasia com realidade, mas o cenário inesperado — uma árvore no meio do rio, a vegetação exuberante nas margens de um mundo desértico, os ruídos, o pavor da ideia de cobras, ratos, os grandes insetos assustadores, correndo ao seu redor, o seu medo de tudo e todos, e a sua ousada recompensa, a árvore falando ao seu coração, uma realidade que ele nunca havia enfrentado antes — lembra-o de que não gosta de lugares fechados e escuros.

A Vida é Cheia de Surpresas

João corre de volta e chama Faísca.
"Faísca, encontrei uma árvore no meio do rio." Tem muitos frutos. São meus!"
"Que tipo de fruta?"
"Não sei, verdes, dourados, nunca vi nada tão grande. Vem comigo."

Faísca salta e segue João. Faísca está sério e surpreendido, ele sabe que João encontrou um sítio que lhe pertence desde que era criança, quando era mais novo que ele agora. É um lugar onde ele tem boas recordações dos seus amigos, da sua mãe, mas especialmente do seu falecido pai. Tem saudades dos seus amigos que agora devem ser tão altos como ele. Não os vê há muito, mas, se tivessem ali, eles tê-lo-iam ajudado, mesmo a jogar à bola de trapos, para relembrar o mundo que perdera. E agora, João descobriu a árvore, a sua querida árvore cheia de papaias. A sua árvore.
Desde a sua infância que nunca tinha conhecido mais a liberdade de brincar, de rir, de amar, de se deslumbrar com tudo, o real e o fantástico, o conhecido e o desconhecido, sem preocupações. O seu pai, o seu companheiro, tinha-o levado a esses altos de imaginar e

viver, muitas vezes, mas tinha morrido jovem e os seus amigos não liam livros.

Lembra-se do homem que escolheu o campo de aviação, das pedras brancas, da meia comprida ao vento, dos mexericos, das poucas pessoas que viviam nas redondezas e, depois, a sua mãe, triste e chorosa. Por um momento, foi difícil reviver esses momentos velhos da sua infância. Faísca desejava que Domingos preenchesse o mundo à sua volta. Era o amigo mais importante que tinha, o único que o podia proteger, ou a Santos, ou a Dona Teresa, a sua mãe, ou a todos eles.

João, exuberante, apontou para a árvore.

"Sabes o nome dos frutos?

"Sim, são papaias... É a árvore das papaias. Chamamos também a estes frutos mamões e à árvore mamoeiro. A cor interior avermelhada diz-me que são papaias."

João não parece ter ouvido a explicação e diz: "A árvore está no meio do rio... como é que pode sobreviver ali?"

"Não sabemos, temos de perguntar à árvore. João, porque não falas com ela? Nunca sabemos se a árvore das papaias nos vai dizer alguma coisa."

Aproximam-se da árvore e o João intercede.

"Tenho de falar com a árvore? Tenho mesmo?" João diz, preocupado, porque ele tinha acabado de o fazer há alguns minutos atrás. Era o seu segredo, só seu, e ele não queria parecer um rapaz louco. Ele adorava as histórias que a tia lhe contava; eram todas contos de fadas. Levavam-no para sítios que não existiam, por isso, eram todas credíveis, tudo na sua imaginação. Mas aqui?

Ele vê o Faísca a sorrir: "Oh, Faísca, estás a brincar comigo, que coisa é esta... falar com uma árvore!"

O sorriso de Faísca alarga-se e ele fala com a árvore: "Olá, minha amiga Papaieira, lembras-te de mim? Eu brincava aqui, eu tomava conta de ti. Lembras-te de mim? Este é o meu amigo, João. Ele é um bom rapaz e quer permissão para estar aqui."

Faísca espera, em silêncio, como se a árvore precisasse de decidir o que fazer.

"João, põe a tua mão no tronco." Se ela responder, vais senti-la." As árvores não têm boca, lábios, garganta ou língua."

João coloca a mão direita sobre uma das marcas circulares na árvore, embora a casca entre elas seja lisa, e espera. Ele sente, João tem a certeza que o tronco está a tremer ligeiramente.

"Eu sinto-a."

"Oh, deixa-me ver."

Faísca coloca a palma da mão no tronco e segura-a por alguns instantes. Nunca tinha feito isto antes, e fica surpreendido. O tronco treme como se guardasse um segredo. O homem abre os sentidos para escutar o que o rodeia, e identifica um leve ronco num ambiente quase silencioso. Sabe que se trata do motor de um veículo a rodar a velocidades variáveis, algures nos arredores de Chitado, mas ainda muito longe.

"João, tens razão, a árvore está a dizer-nos alguma coisa.

A criança não quer saber de histórias de fadas, só a tia é que pode contá-las, o que vê à frente dele é o que é mais importante."

"Faísca, olha lá em cima, aquela fruta grande, ali mesmo, parece madura."

"Queres a papaia?" Faísca indaga.

"Quero, sim, se pudermos."

"João, vamos subir e apanhar a fruta."

"Podemos?... Ela não tem dono?" pergunta João, com medo, em dúvida, em Portugal tudo tem dono.

"Não tem dono, estou seguro disso. A árvore está cheia de frutos e gosta de nós, tu ouviste-a, ela ronronou para nós."

"Está demasiado alta. Consegues apanhá-la Faísca?"

"Sou demasiado pesado, João. Houve dias em que conseguia trepar nela como se fosse um macaco. Mas tu és leve. Se a queres, tens de ser tu a trepar."

João olha fixamente para Faísca, como se ele tivesse dito algo fora do lugar.

"Faísca, vou tentar..."

"Estou aqui para te ajudar. És pequeno, forte, magro, ágil, sei que és capaz de o fazer."

João olha para ele e depois para a fruta, e acena com a cabeça: "Vou tentar."

"Vou ensinar-te a subir à árvore." Agarra a árvore com as duas mãos, como se tivesses a abraçá-la. Depois, dobra os joelhos um pouco, inclina-te para trás o máximo que puderes, põe os dois pés juntos no tronco da árvore, olha para o tronco e para os teus pés, não olhes para baixo, e sobe, usa as mãos e pés, os pés não muito longe das mãos. Num instante, a papaia estará contigo."

"Não olhar para baixo, olhar para os meus pés, tá bem!"

"Antes de subires, precisas de algo para colocar a papaia."

O João olha para o homem e assenta, "Sim, para a papaia."

Os dois regressam ao acampamento e Faísca dobra um pano, num triângulo esticado, e ata as pontas.

"Põe isto à volta do teu pescoço."

João coloca as mãos agarradas ao tronco, os pés por debaixo, e começa a subir a árvore.

"Consigo ver, consigo ver os meus pés, mas não consigo ver o chão."

"Não olhes. Se os teus pés escorregarem, abraça a árvore com os teus braços e pernas."

Depois de alguns exercícios, Faísca diz a João: "Tu és forte, vejo que consegues."

João olha para a árvore e para a papaia.

"Estou pronto!"

"Não olhes para baixo."

Os dois anos de João no grupo especial de ginástica do Colégio Militar ajudam-no. Ele sobe com firmeza, e a sua confiança aumenta à medida que encontra o seu ritmo. Equilibra-se, sem esforço. Os seus movimentos no tronco da árvore são simples, e contorna as marcas onde as velhas frutas costumavam crescer.

Chega ao fruto, apanha-o, mete-o no lenço que traz ao pescoço e desce em segurança.

"Faísca, consegui, consegui!" João sorri abertamente.

"Sabia que eras capaz, vamos guardar a papaia."

"É tão grande, tão pesada."

"É frágil!" diz Faísca.

De volta ao acampamento, olham um para o outro, João retira a papaia do apoio e espera.

"Temos de fazer uma cama para ela, para não se estragar." Faísca constrói um suporte macio, ou cama, e arruma o fruto na tenda.

A criança descontrai-se, sente que a missão findou, e salta de alegria: "Faísca, vou fazer uma corrida contigo até lá."

João aponta para o extremo norte do campo, e Faísca olha-o com curiosidade. Desde que a Mãe Maria e ele tinham saído de casa, para irem viver com o Administrador Santos e a Dona Teresa, ninguém se tinha mudado para a sua antiga casa ou construído uma nova naquela área.

Os seus amigos de infância tinham-lhe dito que iriam construir as suas casas ali, para estarem perto dele. Olhando mais longe, Faísca vê que há casas de madeira à volta do campo, mas não na terra da sua infância. Este é um bom sítio para construir — terreno plano, duro e seguro — e o homem fica intrigado.

"João, vamos ver se um relâmpago consegue vencer um raio!" desafia.

Os dois correm um contra o outro. Faísca ultrapassa João, que corre o mais rápido que pode, e os dois chegam ao limite do campo, ao mesmo tempo.

"Faísca, deixaste-me empatar."

"Sim, bem..."

Voltam a correr, Faísca dá a João alguns metros de avanço, e depois acelera para apanhar a criança mesmo antes da meta.

"Tu corres mais do que qualquer pessoa que eu já conheci, Faísca."

"Precisas de praticar com cócegas," diz Faísca.

"Oh, não, não posso."

"Vamos ver!"

Faísca aponta o dedo a João e move-o em círculos, e o rapaz começa a torcer o corpo e a rir-se.

"Estou a rebentar!" diz ele, e sai a correr.

Faísca corre atrás dele e João foge e dá umas torcidas rápidas e cai, cansado da risota, no chão. Faísca vem na sua direção, movendo o dedo, como se estivesse a rodar um parafuso no ar.

De repente, Faísca lembra-se do seu pai, fazendo o mesmo, e pergunta-se onde ele está agora e de como ele o desafiou a controlar o seu corpo e a sua mente, e que voltaria para brincar com ele quando regressasse da sua viagem. Ele tinha prometido ensinar-lhe a controlar o Grande Aro, o seu último presente, mas este nunca regressou.

"João, controla os meus dedos e serás tão forte como eu."

O rapaz salta e dribla à volta de Faísca, que o empurra, e os dois rolam e correm um atrás do outro, ambos esquecendo o passado.

"João, sê corajoso, este campo é para heróis."

O rapaz observa a cena. A relva é curta e seca, parece pobre e áspera, mas compreende o que Faísca lhe está a dizer.

"Estou a ver. Este é o nosso campo da sorte, protegido, ninguém pode viver aqui."

"É o que parece" diz Faísca, como se de repente tivesse entendido a questão que pusera a si mesmo antes.

"João, quando chegarmos a casa, vou fazer-te uma coisa que vais gostar muito." Um aro grande."

"Como aqueles que alguns miúdos fazem com arame grosso?"

"Este vai ser especial. Vai ser fino e macio, e feito com o aço e as bordas de borracha de um pneu grande. O 750 do Land Rover é bom, mas vou procurar um pneu de camioneta. Vais ver."

"Oh, de borracha e aço?"

"Tecnologia de alta voltagem, vais ver!"

"Vamos voltar e tomar um duche antes do jantar."

Os dois voltam para trás e Faísca mostra a João onde fica o duche no complexo da administração, ainda no mesmo sítio.

As Surpresas não Acabam

Esperam e, pouco antes do anoitecer, o Comandante Reis e o Administrador saem da habitação e os quatro voltam para o acampamento.

O Comandante Reis anuncia: "O Administrador é nosso convidado e trouxe comida para nós."

Faísca acende a fogueira.

"Temos água, nada mais."

"A nossa realidade," concorda o Administrador.

O Comandante Reis olha em redor, nota o campo e as árvores verdejantes, e diz: "Este é um sítio vazio, lindo, intacto."

"Não é por falta de esforço. Desde que o antigo Administrador se foi embora, tenho pedido às pessoas para construírem aqui, mas nunca ninguém o fez e nunca percebi bem a razão."

João olha para Faísca.

"Este é o nosso lugar feliz!" diz João.

O Administrador fica a olhar para João, com surpresa.

"Como é que sabias?"

"Saber?"

"Eu explico... Alguns dos meus funcionários contaram-me recentemente a história desta área."

João olha novamente para Faísca.

"Está cheia de fantasmas e espíritos!" afirma o oficial.

O Comandante Reis olha para o oficial com ceticismo, mas encoraja o Administrador a continuar com a história.

"Estou todo ouvidos."

João e Faísca sorriem abertamente, tinham olhado para o tamanho das orelhas do Comandante Reis, que são muito pequenas.

"Não são maus espíritos, são dos bons, auguram felicidade," acrescenta o Administrador.

João sorri, sabendo que ele tinha razão. "As histórias que me contaram são sobre felicidade. É uma história de fantasmas, estranha, porque nunca ouvi falar de fantasmas felizes."

O Comandante interrompe o Administrador, preocupado com histórias de carochinha.

"Um conto, primeiro: não é acerca de um fantasma feliz, mas a tua avó, Deolinda, teve um encontro com um espírito mau na cozinha da sua casa, em Alvalade. O malvado deixou pegadas ensanguentadas no chão, nas mesas, nos armários, e até nas paredes e no teto. É bom saber que há fantasmas felizes," diz o Comandante Reis a João, referindo-se à sua mãe, pela primeira vez na sua vida.

João abre a boca de surpresa, o pouco que conhece do pai, rígido, duro, tirano, forte, não corresponde à história que contou. Lembra-se da avó Deolinda, também muito forte, e nunca pensou que ela pudesse contar fantasias. O administrador, cheio de paciência, continua. Olha para o João.

"Todos os meus colaboradores concordam que vivia aqui uma família muito feliz." Um dia, o pai, um homem daqui, foi visitar as Quedas do Ruacaná, caiu no vazio e desapareceu no fumo criado pela água." Desde então, ninguém mais o viu."

"Disseram o nome dele?" Faísca perguntou.

"Vati, Vaati, acho eu."

"Daqui, Kuynhama?"

"Sim, era. Disseram-me que Vaati era o homem que queriam que representasse todos os Kuynhama e Herero daqui. Como se fosse o rei." Acreditam que ele não morreu e que vive aqui neste campo, a desejar a felicidade a todos os que aqui vêm visitá-lo."

"Mas ele morreu, e deixou a família infeliz."

"Todos nós vamos sim, mais cedo ou mais tarde. Disseram-me que ele e a mulher criaram o rapaz mais extraordinário de todo o Cunene." O meu pessoal disse-me que eram amigos de infância do rapaz, e que este rapaz era o mais corajoso de todos, que até os rapazes mais velhos o respeitavam. Ninguém conseguia vencê-lo naqueles jogos que os Kuynhama fazem, aquele em que imitam os cornos de um boi e se esbofeteiam uns aos outros."

"Será esta uma boa razão para criar bons espíritos, uma memória de um homem bom?" o Comandante intervém, olhando para Faísca.

"Dizem que a mãe e o filho também desapareceram para se juntarem ao Chefe Vaati, e que estão aqui juntos e, por estarem juntos, são felizes. A mensagem é clara: ninguém pode vir aqui se não estiver verdadeiramente feliz consigo próprio e com o mundo."

"Não é fácil ser feliz!" diz João.

O Comandante Reis olha para Faísca, com uma sobrancelha ligeiramente franzida, e o jovem acena firmemente com a cabeça.

"Oh, isso é interessante. Então, ninguém teve notícias da mãe e do rapaz?" diz o Comandante Reis.

"Já tinham saído quando eu cheguei."

"Então, substituiu o anterior administrador, como é que ele se chamava?"

"Santos."

"Já ouvi falar dele. Tenho quase a certeza que aqui o Faísca também ouviu falar dele."

Faísca sorri.

"Estou triste por ele. Conheço a história dele," continua o administrador.

"Do Santos, o antigo?"

"Tínhamos um comerciante que morreu recentemente. Era um como muitos outros, um que procurava obter o máximo de lucro. Disse-me que foi ele que escreveu à polícia política sobre o Santos, dizendo que ele vivia demasiado próximo da população local."

"Que mais disse o comerciante?"

"Que o Santos não gostava de brancos."

"Que aconteceu ao comerciante?"

"Caiu a dormir, bêbado... e uma cobra aproximou-se dele e picou-o mal. Foi o que a polícia determinou." Os Kuynhama mudaram de loja, mas os novos comerciantes também regam o vinho. Não há vencedores," diz o administrador.

"Está na altura de João dormir. Temos de nos levantar cedo," diz o Comandante Reis.

"Quero perguntar uma coisa ao João," diz Faísca.

"João, não nos ofereceste a tua papaia?"

Faísca olha para o Comandante Reis, que continua sem dizer nada.

"João, o que é que vais fazer com a papaia?"

"Faísca?" Pergunta o Comandante Reis.

"Comandante, o João apanhou uma papaia de uma árvore especial, que fica no meio do rio seco, à beira deste campo."

"Essa é a árvore sagrada!" disseram-me os meus homens. "Ninguém vai lá apanhar essas papaias."

"Eu não sabia disso!" diz João.

Faísca espera que João olhe para ele, diz: "Inocência e felicidade vêm juntos. Então, o que é que vais fazer com a papaia?" pergunta-lhe.

João fica a olhar para o Comandante Reis. Lembra-se das longas viagens feitas juntos, sempre em silêncio: de Luanda para o Lubango no ano passado, do Lobito para o Lubango este ano, do Lubango para o Chitado, dos maus pensamentos que teve durante esses longos silêncios, dos medos que quase lhe causaram convulsões, tão más como as que tinha na Europa, e que desapareceram quando encontrou Faísca pela primeira vez, na sua casa de infância.

João recusa-se a tolerar mais dores. Desde que chegara a Angola que as dores tinham desaparecido.

Foi uma surpresa. Foi uma nova sensação de liberdade, os espaços abertos do Lubango, os pequenos rios, as barragens que ele gostava de construir neles, um novo céu azul, o planalto, as montanhas perto, o povo Mumuíla, que não julga ninguém, e muito mais. João não o sabia, mas essas eram as mesmas delícias da infância de Faísca, bem como o imenso amor das suas duas mães. O jovem Faísca exsudava todo esse amor, e foi isso que João sentira naquele encontro.

A sua voz tremia com o medo de ser julgado e ridicularizado, ganhou coragem e falou.

"A papaia é para a mãe e para todos nós."

"Para nós?"

"A mãe e a família!"

"Vês, João, estás a ter pensamentos felizes," Faísca cutuca o rapaz, que relaxa e sorri.

Faísca e João vão para a cama. João inquieta-se, e não consegue relaxar.

"Está alguma coisa a incomodar-te, João?"

"Aquele campo de pessoas felizes, é uma história verdadeira?"

"Nós estávamos felizes e tu gostaste, certo?"

"Sim."

"João, tenho outra pergunta para ti.

"Sim?"

"João, tens boas recordações do dia de hoje? Este campo, a árvore das papaias, trepar nela, apanhar o fruto, pensar na tua mãe?"

"Sim, Faísca, tenho."

"Consegues acordar de manhã e sorrir, com as tuas boas recordações?"

João pensa sobre isso e vê algo que nunca pensou ser possível.

"Sim, vou tentar."

"Que a paz esteja contigo, João."

"E contigo, Faísca."

Já no Lubango, João dispara para o jardim das traseiras, onde os cães, Kwanza e Huíla, saltam e correm com ele. Ele não tem tempo para estar com eles. Não é altura de ir buscar a bicicleta e percorrer os estreitos caminhos dos Mumuílas à volta das montanhas. Terão de esperar, hoje é um dia especial, ele quer fazer as pazes com a mãe e dar-lhe um mimo especial.

Entra a correr em casa, vê Francisco, o cozinheiro, que o cumprimenta, vê Manuel, da sua idade, a trabalhar arduamente na cozinha, que o cumprimenta, e depois encontra Amélia, a empregada europeia, que a mãe tinha trazido para a ajudar.

"Onde é que está a mãe?"

"Boa tarde, João."

"Desculpa, Amélia, boa tarde."

"Ela está na sala de jantar, a escrever uma carta."

João desembrulha a papaia, olha para ela, nas suas mãos, e segura-a com força. A fruta é amarela de um lado e verde do outro. É muito grande e perfeita para o jantar da família. Ele entra na sala.

"Olá, mãe, tenho um presente para ti."

"Sim, João, o que é?"

João olha para a mãe, à espera de um sinal de amor e reconciliação, para ele, a papaia é um presente de ouro, um que foi difícil de apanhar, mas graças a Faísca, que era o seu melhor amigo de sempre, que o ajudou com algumas dicas para apanhar o fruto, ele tinha-a nas mãos para a dar à mãe.

Para ele, a papaia não era apenas um fruto, mas um ato de amor e coragem.

"É uma papaia para todos nós. Apanhei-a eu próprio." Podemos comê-la ao jantar, esta noite."

A Dona Isabel examina a fruta, olha para João e diz: "Obrigada, João, como podes ver, estou a escrever uma carta, vou pedir ao Chefe Francisco para a preparar para o almoço de amanhã."

Não Foi o Fim

As vidas de todos os participantes deste livro, amigos e conhecidos do João, continuaram. A maior parte delas felizes, mas o tempo não foi generoso: a maior parte deles faleceu antes do Dia da Independência do País (11 de novembro de 1975), incluindo o Comandante Reis, que faleceu em Luanda alguns meses antes (fevereiro), com 52 anos. João tinha 24 anos na altura, e tinha deixado o Exército três meses antes ao fim de 46 meses e seis anos sem comunicação com ele. No mesmo dia que saiu da tropa, chamado por ele, o seu pai disse-lhe que tinha cancro e, sem falarem um com o outro, João tomou conta do pai, sozinho, sem emprego, sem nenhum apoio, incluindo da mulher jovem dele, até ao final da sua vida. Não havia serviços de saúde para ajudar o Comandante Reis, tudo por causa da fuga de milhares de pessoas do país no início da guerra civil.

Idealista até ao fim, os seus piores momentos não o impediram de trabalhar. Uma das suas atividades, quase sempre aos fins de semana, era gerir uma fazenda tecnologicamente muito avançada nas proximidades do rio Lucala. Lá se produzia arroz, soja, legumes, fruta e havia muito gado, graças a um sistema de irrigação perfeito. Não querendo abandonar a fazenda, pediu, através de amigos, a presença de um elemento do Governo de Transição. O ministro que o foi visitar, 15 de fevereiro de 1975, 3 dias antes do seu falecimento, foi o Sr. Pedro Hendrick Vaal Neto (nasceu em 1944). O comandante Luiz Reis, já sem conseguir falar claramente, ofereceu a fazenda ao futuro Governo angolano, para que esta se transformasse numa escola agrícola. Anteriormente, tinha construído uma escola de pescas no Cacuaco com a mesma finalidade, mas esta foi sabotada por Tenreiro e seus cúmplices.

Alguns anos antes da independência (1968), às quatro da manhã, Cota, o mais velho, o pai de Mãe Maria e o avô de Faísca, vestiu o seu melhor fato, envergou uma gravata pela primeira vez da vida dele, e enforcou-se dentro das instalações, à beira no portão que guardava, do que viria a ser o Ministério das Pescas, do lado da baía. O Comandante Reis foi o Diretor do IIPA, Instituto das Indústrias (e Investigação) das Pescas de Angola.

O velho era o guarda do portão das instalações do IIPA, trabalho que lhe fora oferecido pelo Comandante Reis, depois de ter sido obrigado a abandonar a pesca artesanal por causa das suas mãos. O velho sabia que a polícia política o iria prender nesse dia.

IIPA Foi também o último posto oficial de topo ocupado pelo Comandante Reis antes da independência, depois das sabotagens de Portugal (Almirante Tenreiro, etc.) e do amante duma prima de João, Guida Noronha, (tios e primos que o Comandante tinha salvo literalmente antes, arranjando emprego para o tio João e tia Maria do Carmo e deixando a casa onde os pai e filho viviam para o desfruto essa família traiçoeira).

Faísca casou-se com Ana, mas, infelizmente, ambos, antes de terem crianças, morreram no início da guerra civil e invasão sul-africana. A mãe de Faísca, Maria, sobreviveu-lhes apenas alguns meses. João só soube destes factos muito depois de ambos terem morrido, e os pormenores do que aconteceu foram quase inexistentes.

Dona Teresa e Santos faleceram antes da independência. A casa deles foi abandonada e ocupada mais tarde por elementos do povo.

O João nada sabe sobre o Domingos, o Sr. Júlio, o Marcos, o Sr. Pinto, a família Peiroteu, um dos quais foi o primeiro chefe do João quando trabalhou na BERA (1966) por um mês, para pagar as suas férias em Windhoek, tinha 15 anos. Pai e filho viviam sozinhos depois da separação dos pais um ano antes.

Infelizmente, não ouviu muitas histórias da família Portela.

Infelizmente, o novo regime independente não respeitou as pensões e os benefícios sociais, mas o Sr. Costa e o Chefe Francisco (Livro, Faísca) morreram antes dos motins e da guerra civil, pelo que não tiveram de enfrentar os fardos do pós-independência.

João visitou o Lubango em 1984, pouco depois da força aérea sul-africana ter bombardeado uma fábrica de mobiliário local, e de os cubanos terem abatido um dos seus Mirage, que caiu no Parque da Senhora do Monte, parte ocupado pelos cubanos. O avião despenhou-se não muito longe da Vivenda Maria de Lurdes, onde vivera. Vinte anos antes, o jovem João costumava ir a pé até ao parque e em 1984 fez de novo a mesma caminhada antes de entrar no hospital. A sua antiga residência era agora o DOM Nacional do MPLA (o departamento do partido no poder, responsável pela organização das massas).

João queria visitar o Lubango, para descobrir as suas origens ou as memórias dos seus amigos. Mas não encontrou nenhuma, nem teve tempo, pois um problema de saúde impediu-o de o fazer. O momento histórico também era diferente: O Dr. Cárdenas, um médico cubano, reparou que a pele de João desenvolvera uma tonalidade azul-violeta muito escura, salvando-lhe a vida ao operá-lo com urgência e sem fazer análises ao sangue. Acreditou em João, quando este lhe disse o seu grupo sanguíneo.

João acordou no dia a seguir entre moribundos, com duas enfermeiras imaculadamente vestidas e incrivelmente limpas, uma russa e uma angolana de ascendência europeia, debruçadas sobre ele. João pensou, 'Leste contra o Oeste,' pensou, 'estão a competir, tudo bem se viver, ou vivermos,' olhando para os seus vizinhos quase todos de olhos fechados.

João e a sua família passaram todas as férias, as suas primeiras em 12 anos, no hospital.

João vive em Londres, desde 1994. Nunca teve tempo para compreender o mundo à volta dele, começou a pintar e a escrever para si mesmo sobre as suas antigas raízes e amigos. Agora, já idoso, cheio de amor e respeito por eles, está a tentar publicá-las, apesar do seu mau português e inglês.

Com a ajuda incrível do seu irmão Miguel ajudando-o a tratar dos papeis em Lisboa, e da burocracia cega local, renunciou à nacionalidade Portuguesa.

O seu mundo de então, aquele que curou a sua dor, já não existe, mas continuará a viver nos livros que escreveu, nomeadamente Bolt ou Faísca, John ou João e 1974, em português, que em inglês se chama Before I Lost My Country.

---

[i] A antiga área de treino de tanques militares no alto do Restelo pelo menos em 1961. Não é fácil pesquisar informações sobre Portugal usando o Google.

[ii] A realidade é que João nunca teve a capacidade de memorizar e isso sempre foi sempre um problema, principalmente na sua longa vida escolar. Os únicos versos do hino nacional que aprendeu durante os muitos anos de repetição do hino nacional na escola e colégio militar foram somente 'Heróis do mar, Nação valente...' e nada mais.

[iii] Começou a jogar ténis regularmente com jogadores amadores aos 64 anos. Tentou antes, mas como não havia ninguém com quem pudesse aprender.

[iv] O teste foi inconclusivo, uma rajada de vento virou o barco e o pai não deixou o dono do barco e seu filho recuperar o seu brinquedo no espelho de água ao lado do Padrão dos Descobrimentos.

[v] O curriculum e programas vigente na altura foram atualizados em 1962 para seguir o sistema escolar nacional.

[vi] Agora no Museu da Marinha, perto do Mosteiros dos Jerónimos.

[vii] Em 1965, a luta armada contra a atividade de europeus (originalmente, eram somente 23 numa área maior do que a Inglaterra) despontou e minas contra viaturas passaram a ser frequentes. A picada do Micano foi então asfaltada.

[viii] Numa visita a uma família em Londres, João, inesperadamente, encontra este chefe de posto do Dongo. Era o pai da jovem que o amigo Zeca queria visitar.

[ix] Este encontro com a lei levou a que João a pensar e deixasse de forma definitiva de caçar passarinhos e qualquer outro animal.

www.ingramcontent.com/pod-product-compliance
Lightning Source LLC
Chambersburg PA
CBHW061720020426
42331CB00006B/1020